ゴー宣
SPECIAL

小林よしのり

いわゆる
A級戦犯

ゴー宣SPECIAL　いわゆるA級戦犯＊目次

ゴー宣
SPECIAL

第1章

東条英機

一切弁解せず、天皇のための戦い

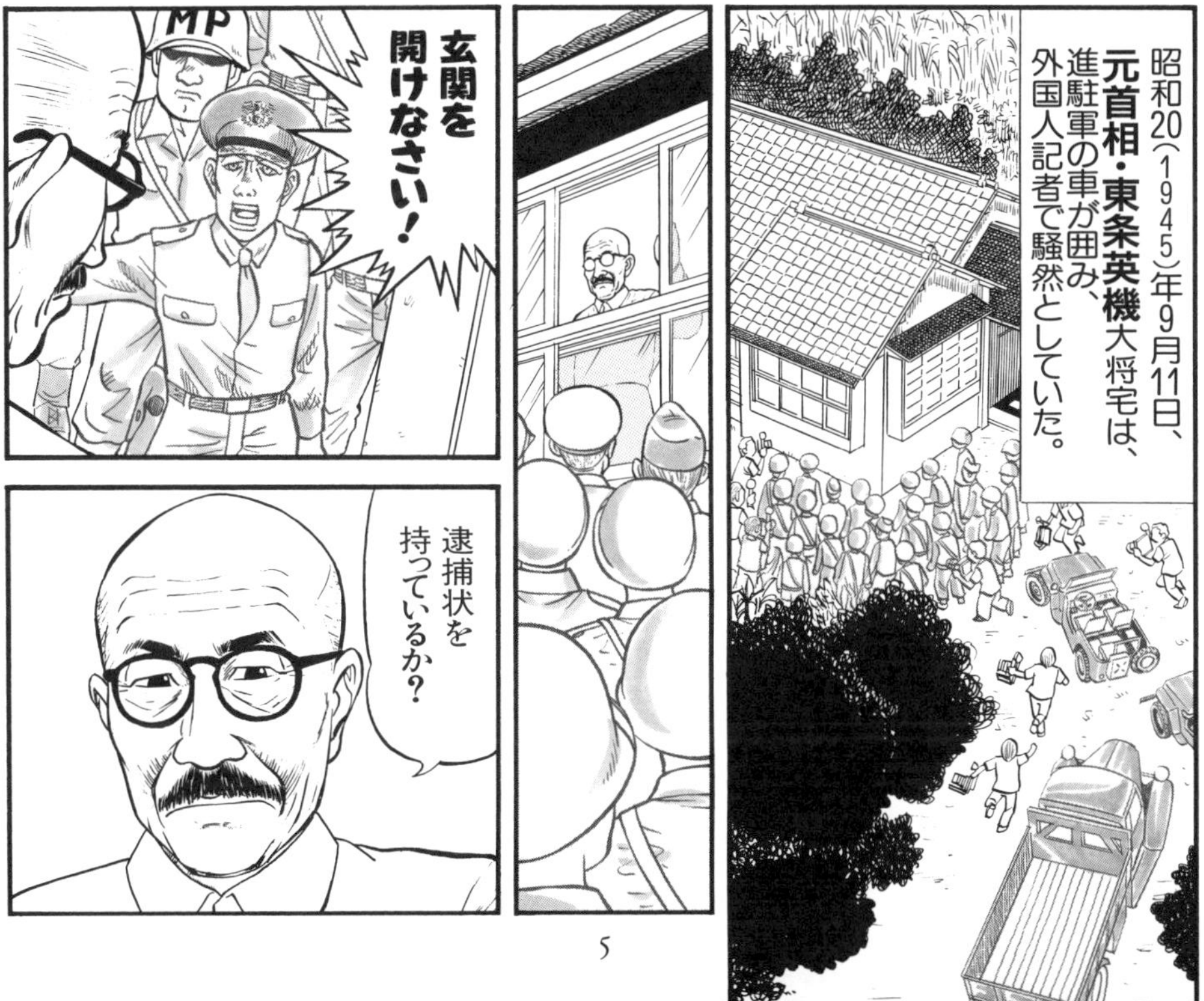
昭和20(1945)年9月11日、元首相・東条英機大将宅は、進駐軍の車が囲み、外国人記者で騒然としていた。
MP
玄関を開けなさい!
逮捕状を持っているか?

拘引命令書を持ってきた。
マッカーサー司令部に行く用意をしろ。
急げ!
すぐ行く。
ガヤガヤ
ザワザワ…
Hey, what was that !?
(何だ!?)
Sounded like a gunshot !
(銃声がしたぞ!)
ドドド
Tojo's over here !
(東条はこっちだ!)

Tojo's shot himself!

(東条、自殺!)

一発で死にたかった…

大東亜戦争は正しい戦いであった…

切腹は考えたがともすれば間違いがある。

あとから手を尽くして生き返らないようにしてくれ。

陛下の御多幸を行く末までお守りして、どこまでも国家の健全な発達をとげることができれば幸いである…

勝者の裁判はうけたくない。

勝者の勝手な裁判を受けて、国民の処置を誤ったら国辱だ。

俺の死体はどうなってもいい。

遺族に引き渡さなくてもいい…

しかし、見せ物ではないとマッカーサーに言ってくれ…

天皇陛下万歳…

その間、米兵や外人記者は「記念品」にするため、われがちに東条の血にひたしハンカチを、ある者は家の中を荒らしまわって略奪した。

白人たちには「猛獣狩り」の感覚しかなかったのだろう。

東条の遺書もどこかに持ち去られてしまった。

弾はわずかに心臓をはずれ貫通していた。

東条は横浜の野戦病院で手術を受ける。

その際、医師、衛生兵たちが手術室に殺到、東条のシャツ、ズボン、パンツまで奪い合った。

開戦当初、勝ってた時は「我らの東条さん」と、庶民にも人気だった東条だが…
も心も日本一
東條さん　健康兒を論
東條のをぢ様
早くなほって
日本の強さを象徴する首相
陣頭を馳ける我らの首相東條さん
少年倶楽部
十二月號
…この当時は日本一悪評の人だった。「自決未遂」の報が流れた時も…
本気で死ぬ気はなかったんじゃないか?
陸軍大将のくせに拳銃の撃ち方も知らないのか?
負けたとたんに国民は手の平を返した。
60年経《た》っても、タカ派といわれる政治家までがテレビ番組でこう批判していた…
アメリカ兵は彼が手にしていた拳銃が決して致命に至らぬ最小の22口径なのを見て失笑したそうな。
実際に東条が使ったのは、コルト32口径。女婿の古賀少佐が玉音放送の後、自決に使った銃であった。

古賀少佐は銃口をくわえて撃つたため、死体の顔は大きく損壊していた。

東条は、米軍が自分の死体写真を見せ物にすると予想し、心臓を撃つたのだ。

準備魔の東条は、かねてから心臓の位置に墨で印をつけ、義理の息子が命を絶つた銃を使うと決めていた。

だが使い慣れない銃だつたため、手元が狂つたのだつた。

靖國神社にA級戦犯が祀《まつ》ってあるからいけないと中国も日本のサヨクもタカ派までもが言う。

A級戦犯といえば、誰のことかな？

え〜〜〜〜とトウジョウヒデキ？

他は？

他って、他にいるの？

知らな〜〜〜〜〜い！

じゃ、東条英機ってどんな人だったか知ってる？

知らないけど…どうせ、ヒトラーみたいな戦争好きでザンコクな独裁者だったんでしょ？

実際のところ、中国も日本のサヨクもタカ派もこんなギャルなみの認識が大半だろう。

知りもしないでA級戦犯と言ってるのだ。

一度、東条英機という人物を、偏見を持たず、美化もせず、淡々と描写してみる必要がある。

東条英機は明治17(1884)年に生まれた。

旧盛岡・南部藩士の父・英教は有能な陸軍軍人だったが、戊辰《ぼしん》戦争で南部藩は「賊軍」だったため、長州閥が牛耳《ぎゅうじ》る陸軍では不遇だった。

父を誇りにしていた東条は迷いなく陸軍軍人となり、順当に進級はするが、やはり「賊軍」出の上、父親よりも小粒と見られ、閑職をたらい回しにされていた。

東条に政治への野心はなかった。「水商売の教育は受けていない！」政治なんか人気取りと妥協で行う水商売だというのだ。

序の建設！

制の確立！

まさか後に首相になろうとは、本人を含め誰一人予想もしなかった。

東条たち中堅将校は
長州閥一掃などの
改革を目指すグループを
結成するが、
これが軍による
議会の統制を目指す
「統制派」と
議会を廃止して
天皇親政を目指す
「皇道派」に分裂、
派閥抗争となる。
皇道派が実権を握る中、
東条の同志で統制派のリーダー・
永田少将が皇道派の青年将校に
惨殺される事件まで起こり、
東条は
関東軍憲兵司令官として
満州に飛ばされる。
満州
その翌年、2・26事件が勃発。
皇道派によるクーデターである。
東条は事件の一報を聞くや、
直《ただ》ちにかねてから憲兵を使って
マークしていた満州の皇道派軍人や、
シンパの民間人・千百人余を
一斉に検挙・拘束、
主要都市に戒厳令なみの
監視体制を敷いた。

結局2・26事件は
3日間で鎮圧され、
皇道派は自滅。
東条は事件への
機敏な対応を
評価され、
52歳にして初めて
頭角を現し、
関東軍参謀長に
就任する。
だがソ連軍との小競り合いで、
ソ連砲艦を撃沈する
事件を起こし、
責任を取って退役を決意する。
ところがそこに
支那事変が勃発。
パーン
東条兵団は
破竹の進撃を続け、
東条の退役は
うやむやになる。
その上、当分満州勤務が
続くはずが、
内閣改造を巡るゴタゴタから
タナボタで陸軍次官に
指名され、帰国する。
そして昭和15年、
東条は思ってもいなかった
陸軍大臣に就任。
55歳で初めて政治に
関わることになった。

東条は「カミソリ」の異名を持ち、事務処理能力では陸軍内に並ぶ者がなかった。

メモ魔で、2・26事件の時も手元のメモには皇道派の情報がぎっしり書き込まれ、さらに憲兵による徹底した監視体制を作ってあったため、即座に対応できたのだ。

その対極が、満州事変を起こした石原莞爾《いしわらかんじ》である。

石原は、日本が満州で国力を蓄え、やがてソ連と、最後はアメリカと戦い、勝った者が世界をリードするという、とてつもない「世界最終戦」のビジョンを持っていた。

良くも悪くも東条英機とは「優秀な事務官僚」だった。

目の前の懸案処理には忠実に全力を尽くすが、自分自身のビジョンがあるわけではない。

そんな天才型の石原から見れば、東条は眼前の現実にしか関心のない小物でしかない。

東条とは対立のしようがない。自分は少なくとも思想を持っているが、東条にはないからだ。

後に東京裁判の尋問でそう言った。

一方、秀才型の東条から見れば、石原はホラのような理想を振り回して規律を乱す者でしかない。水と油である。

それでいて二人とも
自意識過剰なほど
プライドが高いことだけは
共通していた。
感情的にまで対立は深まり、
東条は陸相の時、
自ら指示して石原を
予備役に追放してしまった。
東条は
自分に反抗する者には
容赦しない狭量さがあった。
その反面、
従順な部下や弱者には
とてつもなく優しく、
涙もろいという
極端な性格だった。
謹厳実直、厳格、生真面目、几帳面、
細心、神経質な東条は、
とにかく規律に厳しかった。
自身も地位を利用して
私腹を肥やすなどもっての他と、
清廉で模範的な軍人であり続けた。
支那事変で
兵団を指揮していた時も、
特に軍紀風紀に厳しく、
現地の治安と軍の信頼維持に
努めた。
だが、いつでも些《さ》細《さい》な規律違反まで
一々《いちいち》神経を尖らせるので、
敬遠されてもいた。

東条が陸相時代に作成させたものが悪名高い「戦陣訓」である。

戦陣訓
実はこれは東条の発案でも執筆でもない。

軍紀・風紀の粛正を望む軍上層部の要望で、内外の意見も取り入れ、今村均《ひとし》 中将の主宰で作成したものである。

「戦陣訓」の一節、「生きて虜囚《りよしゆう》の辱《はずかし》めを受けず」が、戦争末期の玉砕戦法や住民にまで及んだ自決の元凶だとよく言われる。

だがもともと「軍人勅諭」があるのにこれも丸暗記させられたので、「戦陣訓」は兵隊には不評で、精神主義に偏りすぎた内容に異論もあったという。

「戦陣訓」の一節のためだけで人々が死を選んだという解釈は、少し短絡的ではないか。

戦場での状況や心境について、もっと詳しい検証が必要であろう。

とはいえ東条自身は「戦陣訓」作成の責任者として自決を選び、失敗して虜囚の辱めを受けることをずっと悔いていたという。

昭和16年、アメリカは
重慶の蒋介石《しょうかいせき》に
莫大《ばくだい》な借款《しゃっかん》供与を続ける一方、
日本への経済圧迫を強め、
ついに石油禁輸に踏み切った。
ビルマでは民間義勇軍を装った
米空軍部隊「フライング・タイガース」が
日本軍と戦っていた。
後にパール判事が
「米国はみずからの行為によって
真珠湾のはるか以前から
交戦国となっていた」
と評したとおり、
既に日米は戦争状態に
等しかった。
近衛《このえ》文麿《ふみまろ》首相は
ルーズベルト大統領との
直接会談の開催に意欲を燃やすが、
結局実現もせず、
あっさり内閣を投げ出す。
陸相の椅子を去る東条も、
今度こそ使命は終わったと確信。
後継首相には、「この難局に
国民の意思をまとめるには
皇族しかないと、
東久邇宮稔彦《ひがしくにのみやなるひこ》を
強く推《お》した。

翌日、東条が官邸の引越し準備をしていると、至急皇居に参内《さんだい》せよという通知が来た。

その東条に、武藤章・軍務局長が天皇への言上書を手渡した。

仮に天皇が中国からの撤兵を唱えても、断固反対するという内容だった。

君達の名文は拝見しました。

だが私は天子様がこうだとおっしゃったら、ハイと言って引き退《さ》がります。

東条は滅私奉公に徹した男だった。自分の意見などより、とにかく天皇のために尽くすことを第一に考えた。

参内した東条は、予想もしなかった後継首相の大命降下を受ける。

もし開戦に至った場合、皇族内閣だと責任が天皇に及ぶ可能性がある。

貧乏くじは東条に押しつけようと、木戸幸一・内大臣が推薦したのだ。

それまでの御前会議の決定は白紙還元し、戦争回避のため国策を再検討せよというのが天皇の意思だった。

陸相時代は、陸軍を代表し強硬に開戦を唱えた東条だが、今度は戦争回避のために全力で取り組む。

確かにこの時期、統帥部の反発を抑えながら戦争回避工作ができる軍人は東条しかいなかった。

東条は戦争回避のため首相になった。

だがすでに世論も開戦論が大勢だった。

米国撃つべし！

この期《ご》に及んで東条は何を弱腰になっとる！

国賊、東条！

東条を抹殺せよ！

そんな中、東条は死に物狂いで打開策を採り続けた。

しかしアメリカ側に妥協する意思が皆無である以上、どんな努力も実りはしなかった。

極限まで譲歩した甲案、乙案に対するアメリカの返答は、全面降伏を迫るに等しいハルノートだった。

後にパール判事は「ハルノートのようなものを受け取れば、モナコやルクセンブルクのような国でもアメリカに対し武器を持って立ち上がったであろう」と断じた。

開戦前日の早朝、首相官邸で東条の妻・かつ子や娘たちは、隣室からの泣き声に目を覚ました。

東条は一人、泣いていた。

和平を望む陛下の意思に応えられなかったことを悔い、これから起こるであろう惨劇を思い、皇居の方角に向かって号泣していた。

昭和16年12月8日、大東亜戦争は開戦した。

緒戦の勝利に、世論は東条を英雄として絶賛した。

だが、それもつかの間、戦況悪化で暮らしが苦しくなると、東条に非難が集中した。

東条は早朝、民家のゴミ箱を覗《のぞ》いて歩いた。

国民生活を心配し、報告どおり食糧が配給され、魚の骨や野菜の芯がゴミ箱にあるかと確かめ、そうすることで配給担当者にも決意を促そうとしたのだが、
マスコミはその真意を理解せず、揶揄中傷《やゆちゅうしょう》した。

戦況が悪化すると、もともと官僚体質の東条は大局的なビジョンのないまま、眼前の戦局打開にのみ意識を奪われていった。

さらに、自分に対する非難が高まってくると、反抗的な者を許せない狭量な性格が顕著になる。

昭和18年元旦、朝日新聞に**政治家・中野正剛**のコラム「戦時宰相論」が載った。

東条を名指ししてはいなかったが、「**難局日本の名宰相は絶対強くなければならぬ**」と暗に批判していたため東条は激怒、記事を差し止めさせた。

その後、東条は中野が倒閣工作を謀《はか》ったとして、警視庁に逮捕させた。

5日後に釈放された
中野は、その夜、
抗議の割腹自決を遂げた。
東条は自分に従順な者で
周囲を固め、
批判的な言論は弾圧した。
また、満州時代の経験を生かし、
憲兵を使って
国民生活の隅々まで監視する
暗い社会を作ってしまった。
昭和18年11月、
東条を議長に
アジア各国代表を集めた
大東亜会議が開催され、
大東亜宣言を採択した。
「大東亜各国は相提携して
大東亜戦争を完遂し、
大東亜を米英の桎梏《しっこく》より
解放して
其《そ》の自存自衛を全うし、
左の綱領に基き
大東亜を建設し
以《もっ》て世界平和の確立に
寄与せんことを期す」

参加した各国代表は
決して日本の傀儡《かいらい》ではなく、
現地の日本軍の行動に
批判的な者もいた。
それでも自国を苦しめている
最大の敵は
米英白人による搾取と
人種差別であるという認識では
一致しており、
「大東亜戦争はアジア解放のための
戦争である」という理念の宣言には
大きな意義があった。
会議を発案したのは
重光葵《しげみつまもる》 外相で、
例によって東条は
会議の政治的意義よりも、
会議というイベントを遂行する
事務処理自体に夢中だったが、
ともあれ準備魔の本領を発揮して
会議を成功させ、
最高の晴れ舞台を飾った。
だがすでに時は遅かった。
昭和19年、
戦局は破滅的になり、
東条降ろしの動きは強まる。

東条は財閥から
巨額の金をもらっている
といったデマが飛び回り、
倒閣工作や暗殺計画が
進行していた。
しかし天皇は
東条の続投を望んだ。
天皇は
忠実な臣下である
東条を信頼していた。
それに、後任に東条より
有能な者がいなかった。
近衛文麿などは、
こうまで言っていたという。
このまま東条に政権を
担当させておくほうがよい。
戦局は、誰にかわっても
好転することがないのだから、
最後まで全責任を
負わせるようにしたらよい。
東条は内閣改造で
切り抜けようとするが、
7月にサイパンが玉砕。
絶対国防圏が破られると
四面楚歌になり…
遂に総辞職。
東条は自ら
予備役に退き
隠棲した。

東条は「独裁者」だったのか？

それについて、本人が語ったことがある。

東条というものは一個の草莽《そうもう》の民である。あなた方と一つも変わりはない。ただ私は総理大臣という職責を与えられている。ここで違う。これは陛下の御光を受けてはじめて光る。陛下の御光がなかったら石ころにも等しいものだ。陛下の御信任があり、この位置についているが故に光っている。そこが全然、所謂《いわゆる》独裁者と称するヨーロッパの諸侯とは趣を異にしている。

戦争の途中で更迭《こうてつ》されたことだけでも、ヒトラーなどとは全く異なる。

東条の「独裁」とは、ルーズベルトやチャーチルにも見られた戦時体制の権力集中と大差ないものだった。

しかも東条は、自ら望んでその地位についたのではない。

軍人として職務に忠実に勤めていたら、日本の歴史上、最悪のタイミングで権力を渡されてしまったのである。

中国は現在、東条を極悪人と非難するが、
東条は満州事変・支那事変の開戦決定には何も関わっていない！

東京裁判では東条を「昭和3年から一貫して行われた共同謀議の頭目」に仕立てたが、
実際には昭和15年に陸相になるまで、政治には関わったこともない！

東条が首相になった時には、
もう誰が首相でも
開戦も敗戦も避けられない
にっちもさっちもいかない
状況だった。
その状況を作ったのは
東条一人ではない。
それは
長年にわたり、
国内外の様々な
人物によって
織り成された
歴史の産物だった。
石原慎太郎は
靖國参拝の際、
「私なりに何人かの
あの戦争の明らかな
責任者を外して
合掌している」
と言う。
果たして石原氏が
あの時代、東条の立場だったら、
開戦を避けられたか？
敗戦を避けられたか？
甲案
乙案
敗けた国民は
もはや勝った国に
怒りを向けることができない。
敗者は勝者に媚《こ》びを売り、
敗者の内部に
恨みのはけ口を求める。
おまえのために
息子は死んだ！
おまえの子供の数の
七個の柩《ひつぎ》を送ってやる！
切腹して
国民に詫《わ》びろ！
「東条の長男を
勤務させておくのは
社にとって得策ではない」
という理由で、
長男は失業。
長男一家は
終戦と同時に
東京を離れて隠遁した。
もし「東条」の
名が知れると…
東条の家族なんかに
売るものはない！

東条くんのお祖父《じい》さんは泥棒よりももっと悪いことをした人です。

泥棒よりも悪いことってお祖父ちゃまは何をした人なの？

お祖父さまは決してそんな方ではありません！

「弁解をせず、沈黙を是とせよ」

東条はそれを家訓に残し、東京裁判に臨んだ。

家族への手紙にはこうあった。「この公判が自分の罪の軽重大小に関係ありなどと夢思うな」

いわゆる「A級戦犯」の中で東条だけは、自分への判決は死刑以外ありえないと確信していた。

東条は、自分自身については一切の弁解をせず、甘んじて国民の怨嗟《えんさ》を一身に受ける覚悟だった。

SUGAMO PRISON
それでも法廷に上がるのは自分のためではなく、日本国家の弁護のため、天皇を守るためだった。

東条はその後2年に亘り、たった一人の「戦後の戦争」を戦ったのである。

東条には弁護人のなり手がなく、弁護団副団長の**清瀬一郎**が引き受けた。

また、アメリカ人弁護士**ブルーエット**は東条が感心するほど熱心に働いた。

清瀬は毎朝東条に面会。東条は自らが陸相・首相を務めた時期の国策決定の経緯を口述する。

これを清瀬が筆記、英訳し、さらにブルーエットが正しい英文に直す。

それを積み重ね、裁判に提出する宣誓供述書が作られた。

東条の記憶は綿密で細かな日時や公文書の文言以外に訂正すべきことはほとんどなかったという。

東京裁判で被告本人が証言台に立てる機会は一度に限られていた。

東条にその場が与えられたのは昭和22年12月末。開廷から1年半が経過していた。

最初にブルーエットが宣誓供述書を朗読。

東条渾身の供述書は、全文朗読に3日間を要した。

日本は最初から米英蘭に対する戦争を計画したのではなく、それらの国の挑発で、やむを得ず自存自衛のため戦うに至ったという経緯が語られ、最後はこう締めくくられていた…

戦争が国際法上より見て正しき戦争であったか否かの問題と、敗戦の責任いかんとの問題は、明白に分別のできる二つの異なった問題であります。

第一の問題は外国との問題であり、かつ法律的性質の問題であります。

私は最後までこの戦争は自衛戦であり、現時承認せられたる国際法には違反せぬ戦争なりと主張します。

第二の問題、すなわち敗戦の責任については、当時の総理大臣たりし私の責任であります。

この意味における責任は、私はこれを受諾するのみならず、真心より進んでこれを負荷せんことを希望するものであります。

石原慎太郎や
渡辺恒雄が、最近
こんなことを言い出した。

東京裁判は確かに国際法上不正だったが、だからといって戦争指導者の責任は免れられない。

そんなことは今さら言われるまでもなく、東条自身が一番よく認識していた。

供述書朗読終了の翌日、12月31日、いよいよ尋問が始まった。

だが、木戸幸一被告を弁護するための証言の途中…

では天皇の平和に対する希望に反した行動を木戸内大臣がとったことがありますか？

もちろんありません。

日本国の臣民が陛下のご意思に反してかれこれするということはあり得ぬことであります。

いわんや日本の高官においてをや。

アメリカのキーナン首席検事は息を呑んだ。

まずい！

オーストラリアのウェッブ裁判長は天皇を裁きたがっていたが、
GHQは、天皇を戦犯にせず、占領政策に利用する方針を固めていた。

マッカーサーに任命されているキーナンはその方針に従い、「天皇に責任なし」という証言を引き出すことになっていた。

そしてあらかじめ、人を介して東条を説得する裏工作まで済ませていたのだ。

SUGAMO PRIS

巣鴨プリズンの面会室で神崎弁護人が東条を説得した。

陛下は平和主義者で戦争はお嫌いだったと、もしそう思っておられるならひとつお願いがあるのですが、この戦争は閣下が陛下の命令に背いて始めたものだと、法廷で証言してくれませんか。

それは無理な注文ですよ。

陛下のご裁可があったからこそ開戦したのです。

私は死を覚悟している。

臣下として、一天万乗の君の御命令に背いて、この戦争を始めたなどとウソの証言をして、それで死に切れますか？

私の身にもなって考えていただきたい！

だが最終的には東条は説得を受け入れた。

私が恥を忍んで今日まで生きているのはこの一点だけである。どうしてまずい答弁をするものか。

…なのに、これでは「天皇の意思に反した者はいない、つまり開戦も天皇の意思だった」ということになってしまう。

ただいまの回答がどういうことを示唆しているか、お分かりでしょうね？

ウェッブはこれで天皇を追及できると思った。

キーナンは冷静さを失い
日本の「侵略」を立証しようとする
質問も、質問の体《てい》をなさなかった。
被告、トウジョウ!
私はあなたを大将とは
呼ばない。
日本にはすでに陸軍は
ないからである!
この3日間、あなたが述べた
この供述書の目的は
自分の無実を
主張しようとしたのか?
それとも日本国民に対して
かつての日本の帝国主義
軍国主義の宣伝を
なお継続しようと
しているのか?
異議あり!
妥当な反対尋問
ではない!
異議を認め、
質問を却下する。
その後も昭和23年1月2日、5日と
公判は続くが、
キーナンの尋問は精彩を欠き、
明らかに「自衛戦争」を主張する
東条に分がある展開となった。
そして昭和23年1月6日。
その間に必死の調整が行われ、
この日、キーナンと東条は
検事と被告の立場ながら
同じ目標に向かっていた。
2、3日前にあなたは、
日本臣民たる者は何人《なんぴと》たりとも
天皇の命令に従わぬ者はないと
言われましたが、正しいですか?
それは私の国民感情を
申しあげたのです。
責任問題とは
別です。
天皇の御責任とは
別の問題。

しかし、あなたは実際に米・英・蘭に対して戦争をしたではありませんか！

私の内閣において戦争を決意しました。

その戦争を行わなければならない、行えというのは裕仁天皇の意思でありましたか？

私の進言…

統帥部、その他責任者の進言によって、しぶしぶご同意になったというのが事実でしょう。

そして、平和御愛好の精神は、最後の一瞬に至るまで陛下は御希望をもっておられました。

昭和十六年十二月八日の御詔勅の中に、明確にその御意思の文句が付け加えられております。

しかも、それは陛下のご希望によって政府の責任において入れた言葉です。

それは「開戦の詔勅」の「豈朕《あにちん》カ志ナラムヤ」という文句である。

まことにやむを得ざるものあり、朕の意思にあらずという意味の御言葉であります。

これを受けてマッカーサーは天皇免訴を決定。

東条は天皇を守り抜いたのだった。

東京裁判は昭和23年4月15日の最終弁論で審議の幕を閉じた。

判決の言い渡しは遅れに遅れ、被告たちには過酷な日々となつた。

そんな中、東条は同じくA級戦犯として判決を待つ、元側近の佐藤賢了にこう言つた。

戦争の責任は僕一人で背負いたかったが、多くの人々に迷惑をかけて相済まぬ。

君もどんな判決を受けるか知らないけれども、敵に罰せられると思えば腹もたつだろうが、陛下と国民から罰をいただくと思って、甘んじてもらいたい。

敗戦により、国家と国民とが蒙《こうむ》った打撃と犠牲を思えば、僕が絞首台に上るがごときは、むしろもったいない。八つ裂きにされてもなお足りない。

君が生き残っても、僕についてはすこしも弁解してもらいたくない。

僕はただに絞首の辱めを受けるだけでなく、永遠に歴史の上に罵《ののし》りの鞭を受けなければならないからである。

法廷が再開されたのは11月4日。
ウエッブ裁判長の判決文朗読は
1週間に及んだが、
内容は検察起訴状の
丸写しに等しかった。
やはり、始めから
結論は決まっていた。
判決言い渡しは11月12日。
ABC順に一人ずつ。
死刑判決を受けたのは
土肥原賢二、
広田弘毅、
板垣征四郎、
木村兵太郎、
松井石根、
武藤章、
そして申し渡しの一番最後…
トウジョウ・ヒデキ、
デス・バイ・ハンギング
(絞首刑)
その時、東条は
「そうか、よしよし」とでも
言いたげに軽くうなずいた。

私に対しては、再審請求をせぬように。
私は一日も早く刑の執行があるように願っております。
だが他の被告が再審請求をしたので、執行は一時延期される。
しかしそれも形ばかりの手続きであっさり却下。
刑の執行は昭和23年12月23日午前0時1分と通知された…
何か願いはないか?
あなた方は警戒しすぎる。
決してわれわれは自殺などしない。
立派に死んでいってみせます。
便所の時まで一々監視されるのは耐えられないことだ。
それからつまらんことですが日本食を一度くらいは食いたい。日本人ですからねえ。
それから、一杯くらい呑みたい。
12月22日、午後4時。巣鴨プリズン教誨師の花山信勝は、仏間に東条を迎えた。
東条は笑顔だつた。

阿彌陀《あみだ》様のお召しで有難《ありがた》いことです。
出しぬけでなく、幸いに24時間前に知らせてくれまして。
東条は西本願寺派の花山の影響で、浄土真宗に帰依《きえ》するようになっていた。

遺品と遺書を、お願いいたします。
なお刑執行の時の…最後の様子をお伝え願いたい。
妻に歌を作りました…

さらばなり有為の奥山けふ越えて
彌陀のみもとに行くぞうれしき
明日よりはたれにはばかるところなく
彌陀のみもとでのびのびと寝む

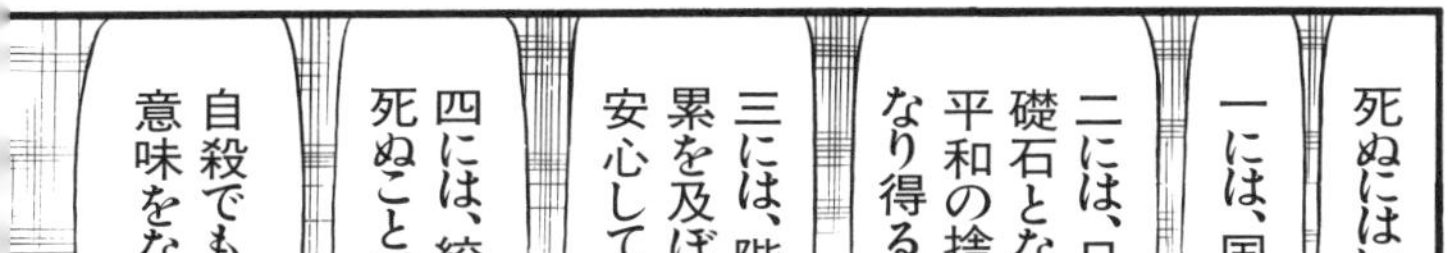
死ぬにはいい時期だと思います。
一には、国民に対する謝罪。
二には、日本の再建の礎石となって平和の捨て石となり得るということ。
三には、陛下に累を及ぼさず、安心して死ねること。
四には、絞首刑で死ぬことです。
自殺でもしたら意味をなさんです。

五には、少し生き過ぎました。
歯も二、三本しかないし、目もよく見えない。
頭も悪くなった。
これでは長生きもできません。
ちょうどよい時期です。

六には、金銭上に関する不名誉な疑いもなくなって、安心して死ねます。

七には、病苦より一瞬に死ぬ方が余程幸福です。

終身刑にでもなったら永久に煩悩につきまとわれて、たまったものではない。

MP
MP
昨夜宣告の時、心が朗らかになりました。

「大無量寿経」の中の、法蔵菩薩が決定して無上正覚を得るといわれる、あのような気持ちになりました。

日本の土地に同化して行けることは、非常にありがたいことです。

それから、昨夜も申しましたが、ここにいる多くの軍人たちの家族は、実に気の毒な人が多い。

先生からどうか、所長に少し詳しく伝えていただきたい。

午後9時30分、今度は花山が東条の独房を訪れた。

東条はここで、清瀬、ブルーエット、花山に宛てた遺書を託した。

これは家族宛の遺書とは違い、世界に向けた声明でもあり、没収されるのは間違いないので、東条が読み上げ、花山がメモをとつた。

開戦の時のことを思い出すと、実に断腸の思いがある。

今回の死刑は個人的には慰められるところがあるけれども、国内的の自分の責任は、死をもって償えるものではない。

しかし国際的な犯罪としては、どこまでも無罪を主張する。

力の前に屈服した。

自分としては、国内的な責任を負うて、満足して刑場に行く。

ただ同僚に責任を及ぼしたこと、下級者にまで刑の及びたることは、実に残念である。

この裁判は、政治裁判に終わった。

勝者の裁判たる性質を脱却せぬ。

天皇陛下の御地位および陛下の御存在は、動かすべからざるものである。

天皇存在の形式については、あえて言わぬ。存在そのものが必要なのである。

それにつきかれこれ言葉をさしはさむ者があるが、これらは空気や地面のありがたさを知らぬと同様のものである。

東亜の諸民族は、今回のことを忘れて、将来相協力すべきものである。

東亜民族もまた他の民族と同様の権利をもつべきであって、その有色人種たることをむしろ誇りとすべきである。

インドの判事には、尊敬の念を禁じ得ない。これをもって東亜民族の誇りと感じた。

今回の戦争にて、東亜民族の生存の権利が了解せられはじめたのであったら、しあわせである。

列国も排他的な考えを廃して、共栄の心持ちをもって進むべきである。

用紙20枚に及んだという長文の遺書の実物は今も行方不明である。

絞首台が5台しかないので、処刑は2組に分けて行われた。
まず土肥原、松井、東条、武藤・・・
4人とも不自由な体勢のまま香炉に線香をたて、奉書に署名をした。
それからコップ一杯のブドー酒が出される。
日本酒ではなかつたが、「一杯呑みたい」が叶《かな》えられて東条は上機嫌だつた。
まだ2分あるというので、花山が「三誓偈《さんせいげ》」の最初の三頌と最後の一頌を読んだ。親鸞《しんらん》聖人が「真実の教え」と讃《たた》えた「仏説無量寿経」の一部である。
我建超世願
必至無上道
斯願不満足
誓不成正覺
我於無量劫
不為大施主
普濟諸貧苦
誓不成正覺
我至成佛道
万歳・・・
松井さんに・・・
うむ・・・

四人は最年長の松井大将の音頭で「天皇陛下万歳」「大日本帝国万歳」を三唱。
その後、アメリカ人教誨師や将校たちとも握手を交わした。
出口の鉄扉が開いた。
中庭を通って刑場まで2分、念仏の声が絶えなかった。
特に東条の声が…
南無阿彌陀佛
南無阿彌陀佛
南無阿彌陀佛
南無阿彌陀佛
南無阿彌陀佛
南無阿彌陀佛
南無阿彌陀佛
刑場の入口で花山は四人と最後の握手をした。
ご機嫌よろしゅう。
いろいろ御世話になって有難う。
どうか、また家族をよろしく願います。

みなにこにこ微笑みながら、刑場に消えていった。
花山が仏間に帰る途中…
昭和23年12月23日、午前0時1分。
東条英機は午前0時10分30秒、死亡が確認された。享年64歳。
辞世
我ゆくも またこの土地に かへり来ん
國に報ゆることの足らねば
さらばなり 苔の下にて われ待たん
大和島根に 花薫るとき

ゴー宣
SPECIAL

第2章

いわゆる「A級戦犯」とは何か？

東京・池袋の高層ビルサンシャイン60は、かつての「巣鴨プリズン」の跡地内にそびえている。

終戦後、戦勝国によってA級・B級・C級と分類された「戦犯」が、「巣鴨プリズン」に収監されていた。
SUGAMO PRISON

サンシャインシティの横にある
東池袋中央公園の片隅に、
石碑が建立《こんりゅう》されている。
この場所こそ、
巣鴨プリズン時代の
処刑場だった。
永久平和を願って
戦勝国が行った極東国際軍事裁判、
いわゆる「東京裁判」で、
絞首刑の「判決」を受けた
東条英機ら7人の
「いわゆるA級戦犯」は、
58年前の暮れ（平成18年現在より）、
ここで処刑された。
永久平和を願って
その処刑日は
昭和23（1948）年12月23日。
つまりGHQは、
現在の天皇、当時の皇太子の
誕生日をわざわざ選んで
処刑を決行したのである。
もちろん
見せしめのために。

碑の表には、ただ「永久平和を願って」としか刻まれていない。

知らない人には、まず何の記念碑だかわからない。

この碑を建立する際、左翼が「戦争美化だ」「戦犯の顕彰につながり、許されない」と激しく抵抗し、訴訟まで起こした。

そのため、当初の碑文案「戦争裁判の遺跡」が「永久平和を願って」に変更されたのだ。

永久平和を願って
日本が建国史上、初めて他国との戦争で敗れ、当時の指導者が戦勝国により処刑された場所である、という重大な歴史まで隠蔽《いんぺい》して、「永久平和」という美辞麗句を魔《ま》除《よ》けのように貼りつけておけば、安心感が得られるのだろうか、この国の民は？

そして「事実関係」は碑の裏側に、ひっそりとこう記されている…

「第二次世界大戦後、東京市谷において極東国際軍事裁判所が課した刑及び他の連合国戦争犯罪法廷が課した一部の刑が、この地で執行された。戦争による悲劇を再びくりかえさないため、この地を前述の遺跡とし、この碑を建立する」

「東京裁判」では
28人が「A級戦犯」として起訴され、
7人が死刑、
7人が公判中や服役中に獄死した。
この計14人が
靖國神社に合祀されている。
14人の「A級戦犯」が
靖國神社に祀《まつ》られている
のがけしからんと、
中国・韓国は
しつこく抗議する。
日本国内でも
「A級戦犯」を「分祀」しろと
知識人や政治家までが
言い出す。
「A級戦犯」とは、
靖國神社での慰霊も
顕彰も許されない…
記念碑の表に
何を記念した碑かも
刻めない…
それほどまでに憎まれるべき
存在なのだろうか？
そもそも「A級戦犯」とは
誰なのか？
何をした人物なのか？
今の日本人は
知っているのだろうか？
一般的に「A級戦犯」と
いう言葉は…
経済失政の
「A級戦犯」を
探せ！
巨人軍惨敗の
「A級戦犯」は
こいつだ！
…という具合に使われている。
「一番罪の重い責任者」
という程度の意味合いで
気軽に使われている
わけだが、
この俗用こそが
「A級戦犯」というものに
対する無知を
証明するものに他ならない。

A級・B級・C級というのは、罪の重さをランク付けしたものではない。

現に「A級戦犯」は7人が死刑になったが、
BC級でも、1061人が死刑になっている。

ABC級とは…

「A級」とは戦争を遂行した国家指導者など、

「B級」は戦場で命令する立場にいた指揮官など、

「C級」は実行した兵隊など、

…と連合国が便宜的に分類したにすぎない。

しかもB級とC級の区別ははっきりせず、ほとんど「BC級」と一括して呼ばれていた。

…その程度のものだったのだ。

「戦犯」とは「戦争犯罪人」のことである。

「戦争は人殺しだ」としか教えない、反戦平和教育に洗脳されてしまった者は、「戦争」＝「犯罪」としか思っていないのかもしれないが、
戦争そのものは犯罪ではない。

誤解のないように言っておくが、だからといって戦争を賛美するとか、戦争はどんどんやってもいいとか言っているわけではない。

何しろ話の真意も捉えずに、
小林よしのりは戦争が大好きなんだ！

戦争を美化している！

…と騒ぎ出す単純脳が多すぎるから、ここで特に強調しておく。

戦争なんか、大っ嫌いに決まっている！

しかし残念ながら未だ《いま》に戦争を「犯罪」とする法律は存在しないのだ。

「法なければ罪なく、法なければ罰なし」

これはアメリカ憲法の第一条にも定められている法治主義の根本原則である。

戦争を犯罪とする法律ができ、アメリカだろうと、中国だろうと、戦争を起こした国は公正に裁かれるような国際社会が実現すればどんなによいだろうと思う。

だが人類は、まだまだそこまで到達してはいないのだ。

では「戦争犯罪」とは何か？

いくら戦争自体は犯罪ではないと言っても、戦争中なら何をやってもいいというわけではない。

特に第一次大戦で空爆や毒ガスなどが登場、戦場の被害が悲惨を極めたことから、
欧米諸国は「戦時国際法」で、「交戦法規」を定めた。

その要旨はこの4点である…
①一般住民、非戦闘員に危害を加えてはならない。
②軍事目標以外を攻撃してはならない。
③不必要な苦痛を与える残虐な兵器を使ってはならない。
④捕虜を虐待してはならない。

一応、法律ができ、
違反すれば「戦争犯罪」だ
ということになったのである。
だがこの「交戦法規」は
完全ではなかった。
戦時中に違反者が
敵に捕らえられた場合のみ、
戦犯として、
裁判にかけられるが、
捕まりさえしなければ、
どれだけ戦争犯罪をしても、
一切裁かれることはないのだ。
アメリカの原爆投下が
交戦法規の①②③全てに
違反していることは、
言うまでもないだろう。
また、会田雄次の『アーロン収容所』や
チャールズ・リンドバーグの『第二次大戦日記』に
記されているような、
連合国による日本人捕虜への
虐待の事例は枚挙に遑《いとま》がない。
アーロン収容所
日本兵の遺体の上から
残飯が投げ捨てられ
だが、戦勝国の戦争犯罪人は
誰一人として裁かれなかった！
敗戦国の「戦争犯罪」だけが
裁かれた。
しかもその「戦犯裁判」は
「裁判」の名に値しないほどずさんで、
冤罪《えんざい》で死刑にされた者も
数多かったのである。

ここ、巣鴨プリズンでも「BC級戦犯」52名が処刑されている。

永久平和を願って
わしは戦勝国の「裁かれなかった戦争犯罪」を『戦争論』で描き、「BC級戦犯裁判」の欺瞞《ぎまん》と悲劇を『戦争論2』で描いて『靖國論』にも収録した。

今や「BC級戦犯裁判」が不正なものだったことは常識であり、死刑となったBC級戦犯が靖國神社に合祀されていることを非難する者もほとんどいない。

だが「A級戦犯」だけは未だに責められている。

それはなぜなのか?

「A級戦犯」ってそんなに極悪人だったのか?

この質問に答えられる者は、この日本にそう多くはないはずだ。

「A級戦犯」という言葉だけがひとり歩きして、何となくイメージだけで「悪人」と思っている者がほとんどなのだから。

A
「A級戦犯」と呼ばれた28名はどんな人たちだったのか？

彼らはなぜ裁かれたのか？

その裁きは正当なものだったのか？

国会議員もマスコミ人も、知識人も、ほとんど何も知らない。

ごーまんかましてよかですか？

知りもしないで「A級戦犯」と言うのをやめなさい！

いわゆる「A級戦犯」と呼ばれる人々を、何で責めているのか答えてみなさい！

何も知らないはずである!!

永久平和を願って

ゴー宣
SPECIAL

第3章 東京裁判は裁判ではない

「A級戦犯」を裁いた「東京裁判」とは実際、どういうものだったのか、知識人も、マスコミも、ほとんど何もわかっていない。

そもそもこれを説明するには、昭和20(1945)年の敗戦時、日本政府が受諾した「ポツダム宣言」から語らなければならない。

日本は「ポツダム宣言」を受け入れ、「無条件降伏」した。

…こういう知識人がいたらそれだけで無条件に「無知識人」だと判定していい。

「ポツダム宣言」を受諾したら、「有条件降伏」になってしまうからだ。

「ポツダム宣言」にはこう書いてある。

「Following are our terms」

我々の条件は次の通り…

つまり「条件」があるのだ！

しかも厳密に言えば、「ポツダム宣言」は「降伏勧告」ですらない。

本来は『休戦提案』だったのである。

わしがこの「ポツダム宣言は『有条件降伏』だった」という話をすると、
悲しいことに「無条件・無知識人」どもが、なんと「潔くない」とか、「見苦しい」などと言ったりする。

やっとれんわ、ったく！

ルール違反を指摘することが「見苦しい」のなら、第1回のWBCで、日本チームの西岡がタッチアップしてホームを踏んだのに、アメリカ人の審判が判定を覆してしまった時、王監督が抗議したことも「潔くない」「見苦しい」ということになる。

日本が「竹島を返せ」と主張することも、「北方領土を返せ」と主張することも「見苦しい」ということになる。

ルール違反は指摘し、抗議し、主張し続けなければならないのだ！

そもそも「無条件降伏」とは「敗戦国が戦勝国に、無条件で何をされてもいい降伏」である。

降伏した後で国を分割統治されようが、国王を殺されようが、伝統・文化を破壊されて国家を改造されようが、文句を言えないという降伏条件なのである。

ルーズベルトは敵国を「無条件降伏」させることにこだわった。

アメリカこそが絶対善であり、「悪の枢軸国」を思想から徹底的に改造すれば、今後も世界平和を保てるという恐ろしく独善的な考えだったのだ。アメリカが考えることは、昔も今も変わらないのだが。

そしてドイツは、ヒトラー以下国家首脳のほとんどが死に、終戦交渉を行う政権自体が消滅したため、文字通りの「無条件降伏」となった。

だが日本には、正当な政権が存在していた。

敗戦は確実でも、国を分割されたり、天皇を殺されたり、勝手に国家を改造されるわけにはいかない。

その最低限の保証をする条件さえあれば、日本はすぐにも停戦に応じるというのは、グルー元駐日大使らアメリカ内の知日派の間でも常識だった。

アメリカはそれを知りながら、ルーズベルトの死後に出した「ポツダム宣言」でも、わざと天皇の処遇を明確には示さなかった。

なんで？

アメリカは、
せっかく作った2個の原子爆弾を
投下するために、
まだまだ日本を停戦させるわけには
いかなかったのだ！
第二次大戦後、
新たな仮想敵国になるソ連を
威嚇《いかく》するため、
そして原爆の威力を実際に
人体実験で確認するためにも…
ウラン濃縮型とプルトニウム型の
2個の原爆投下は必要だった！
原爆を投下し終えて、
アメリカは日本が要求する条件を
容認する意向を示した。
そこで日本は
「ポツダム宣言」を
受諾した。
堪へ難キヲ堪へ
忍ヒ難キヲ忍ヒ
つまり日本は「無条件降伏」ではなく、
「条件付降伏」をしたのだ。
「条件付降伏」というのは、
もし条件が破られれば、
戦争の再開もあり得るから、
「条件付休戦」と同じである。
「ポツダム宣言」には、戦勝国といえども、
条件に提示した以外のことは行わないと
明記してあったのである。

「ポツダム宣言」の条件には、

「日本国政府がただちに、全日本国軍隊の無条件降伏を宣言」

というのがある。

だがこれは単に、「日本国軍隊」を無条件で武装解除せよ、
というだけで、

「日本国政府」が「無条件降伏」を受け入れたのではない！

決して戦勝国が無条件に何をやってもいいと認めたわけではなかったのである。

ところが9月2日の米艦ミズーリ号の調印式で、国際法上、「休戦協定（条件付降伏）」である文書を、連合国はわざと「降伏文書」と名付けた。

交渉の過程を無視して、「休戦」を「降伏」にすりかえたのである。

さらに9月6日、アメリカ政府は通達を発した。

「われわれと日本との関係は、契約的基礎の上に立っているのではなく、無条件降伏を基礎とするものである」

なんてことだ！

話が違う!!

日本軍の武装解除が進んでいるのを見た上で、
アメリカは正式に結んだ国際条約を平然と反故《ほご》にしたのだ！

初めから騙《だま》すつもりだったのかもしれない。

外務省の条約局長は「日本は国際法上『条件付終戦』、せいぜい『有条件降伏』をしたのである。何でもかんでもマッカーサーのいうことを聞かねばならないという、そういう国として『無条件降伏』をしたわけではない」と反論したが、
途端にGHQに左遷された。

一切の批判は検閲で禁じられ、代わりに「日本は〝無条件降伏〟をした」というデマが流され続けた。

GHQ
その洗脳で、60年後の今も「〝無条件降伏〟だから何をされても仕方なかった」と言い出す「無条件・無知識人」が後を絶たないわけだ。

アメリカは、本当に「無条件降伏」をしたドイツにすら行わなかった徹底的な国家改造を、日本に対しては行った。

そこには明らかに人種偏見があったことを、強く指摘しておく。

新憲法制定を始めとする数々の日本改造政策は、「ポツダム宣言」に基づく国際条約に違反し、「占領地の法律を尊重すること」と定めた国際法・ハーグ条約にも違反する。

つまり日本人は国際法上、違法に作られた憲法を60年も押し戴《いただ》いているのだ。

そしていわゆる占領軍が行った「東京裁判」というのも、「ポツダム宣言」を無視し、国際法を踏みにじる蛮行だったのである。

第二次大戦の最中から、米英はナチス・ドイツの指導者を裁判にかけようと考えていた。

だが戦勝国が敗戦国を裁くことなど法律も前例も慣習も存在しない、無法行為である。

米英仏ソ4カ国の代表は、ドイツの降伏から約2カ月後、ロンドンでドイツの戦時指導者をどう裁くか会議し、1945年8月8日に「ロンドン協定」を締結。

泥縄式に「平和に対する罪」「人道に対する罪」なるものを作り、さらに「共同謀議」罪を導入し、これでドイツの指導者を裁き、個人の刑事責任を追及するとした。

これは「事後法」であって、国際法上の根拠を一切持たない「法律モドキ」だったが、これに基づきニュルンベルク裁判」は行われた。

そして連合国は「ロンドン協定」をそのまま日本にも適用し、「東京裁判」を行うとしたのである。

だが「無条件降伏」のドイツと異なり、日本はあくまでも「ポツダム宣言受諾」による「条件付休戦」である。

連合国は、この裁判を「ポツダム宣言」第10項に基づくとしたが、その条文は捕虜《ほりょ》虐待など通常の戦争犯罪の処罰しか求めておらず、国家指導者を裁判にかけるなどという文言は一言も書いていない。

しかも「ポツダム宣言」が発表された時、「ロンドン協定」はまだ締結もされていなかったのである！
こんなデタラメの限りを尽くした経緯により、「東京裁判」は行われた。
「東京裁判」は、敗戦国だけを「事後法」で、当時は犯罪とされていなかったことをさかのぼって裁き、
その一方で戦勝国については、明白に国際法に違反した戦争犯罪も、全て不問に付した。
それは、こういうことと同じである…
60
スピード違反だ、逮捕する！
え？制限速度以上は出してませんよ！
60
40
これからこの道路は制限速度40キロだ！
いま変更したがさかのぼって違反と見なす！
スピード違反は死刑！同乗者も共犯だ！
そんなバカな！
ブロロ
ゴオオオオ
今の車、100キロ以上出てますよ。
40
40キロ制限は日本人だけに適用だ。
アメリカ人は何キロ出しても関係なし！
そんな不公平な!?
悔しかったら戦争に勝ってみろ！

さて第2章でわしは、
法がなければ
犯罪ではなく、
戦争は犯罪ではない
と述べた。
そこで国際法上、問題になるのは、
1928年に締結された
「パリ不戦条約」である。
この条約では確かに
「戦争放棄」が謳《うた》われている。
だから反戦平和主義の人々は
この国際法が好きである。
しかしこの条約は、あらゆる国際紛争を
武力に頼らず解決しようと
宣言するにとどまり、
戦争そのものを犯罪と規定している
わけではない。
各国の「自衛権」も認めている。
しかも「侵略」と「自衛」の区別も
明確にされず、
仮に条約に違反しても罰則規定もない。
「パリ不戦条約」の理想的観念が、国際社会で
常識的観念に転換するには、まだまだ
時の経過が必要だった。
「東京裁判」の評価に戻ろう。
「事後法の禁止」と「法の平等適用」は、
法治社会の鉄則であり、
これを破っている「東京裁判」は、
根本的に裁判ではない！
そもそも裁判ではないという認識は、
常識としなければならない。
なにしろ裁判長は、オーストラリア代表。
判事は、カナダ、中華民国、フランス、
オランダ、ニュージーランド、ソ連、
イギリス、アメリカ、インド、フィリピン。
全部、戦勝国とその植民地である。
敗戦国はおろか、中立国からも
一人の裁判官も出ていない。
しかもイギリス・フランス・オランダは、
この東京裁判の最中も、
アジア「再侵略」を
開始していたのだ！

そもそも、なぜソ連が「戦勝国」としてそこにいるのか！

日本はソ連と戦争していたのではない。「中立条約」を結んだ準同盟国だったのだ。

その条約に違反し、敗戦確実の日本を火事場泥棒的に攻めて領土を奪い、100万もの日本人を強制連行して虐待労働させている最中の国が、なんと「正義の連合国(?)」の一員として裁判官席に座っていた!!

いかなる国際法、慣習法、条例にも「東京裁判」の開廷を根拠付けるものはない。

では何に基づいて「東京裁判」が行われたのかというと、「極東国際軍事裁判所条例（チャーター）」なる「条例」である。

実はこれは、単なる「マッカーサーの命令」なのだ！

一切の国際法を無視し、マッカーサーが、勝手に「戦争犯罪」を定義して裁判を開けと命令し、同時に裁判官に対しても、この「チャーター」への絶対服従を義務付けるという、デタラメな至上命令である。

この異常な「裁判」の裁判官で、本物の法律家はオランダのレーリンクとインドのパールだけだった。

二人はこんな「チャーター」などに拘束されないと意見表明したが、他の9人はマッカーサーの傀儡《かいらい》も同様だった。

しかもレーリンクは国際法に関しては専門外で、政治的現実との妥協を強《し》いられ続けた。

国際法の専門家で、毅然《きぜん》と政治を排して法の真実のみを追求したのはただ一人、「全員無罪」の判決文を書いたパール判事だけだったのだ！

パール判事は、このような「チャーター」に拘束されるならば、「本裁判所は『司法裁判』ではなくて、たんなる権力の表示のための道具になるだろう」と言い、「かようにして定められた法律に照らして行われる裁判は、復讐の欲望を満たすために、法律的手続きを踏んでいるようなふりをするものにほかならない」と痛烈に批判した。

そう、まさに「東京裁判」とは「権力の表示のための道具」にして「復讐の欲望を満たすため」に行われた「偽装裁判」以外の何ものでもなかったのである！

そんな「復讐法廷」でも、日本側の弁護人たちは果敢に戦った。冒頭、清瀬一郎弁護副団長は、ウェッブ裁判長の忌避を申し立てたのである！

正義と公正との要求のために、ウェッブ卿がこの裁判をなされることは適当ではない、と考えます！

ウェッブはかつて、ニューギニアにおける日本軍の不法行為を調査し、オーストラリア政府に報告していた。

事件の告発に関与した者はその事件の裁判官になれないのは近代法の常識である。ウェッブは顔面蒼白になった。

キーナン首席検事が清瀬を押しのけて発言しようとしたが、清瀬は一歩も引かない！

やせたヤギが太った大ワシに噛みついている！

ウェッブは休憩を宣言し、逃げるように退廷した。

休憩時間中、裁判長室にキーナンが飛び込んできて、裁判官たちに言った。

無駄な時間の浪費はマッカーサー元帥の政策に反するぞ！

そして清瀬の申し立てはあっさり却下された。その理由がなんと…

法廷の裁判官は〝チャーター〟に基づきマッカーサー元帥に任命された。ゆえにどの判事も欠席させることはできない！

まさにこの法廷は「マッカーサーの私物」だと宣言したも同然だった!

その次回の法廷では、清瀬は裁判所の「管轄権」を巡り、再び裁判長を追いつめた。

「ポツダム宣言」になかった「平和に対する罪」「人道に対する罪」で裁判をする権限は、誰にもない。

文字通り「無条件降伏」のドイツには極端な話、裁判なしで処罰することも可能だが、日本は違う!

連合国といえども「ポツダム宣言」を守らなければならん。

連合国におかれては、今回の戦争の目的の一つが国際法の尊重であるということをいわれております。

アメリカ人のブレイクニー、ファーネスの両弁護士が、さらに清瀬の動議を補強した。

事後法で人を処罰することはできない!

これを認めたら、裁判自体が成立しない。マッカーサーの傀儡裁判長は
「全ての動議を却下する。その理由は、将来闡明《せんめい》する」と、
理由も示さず却下して「裁判」を続けた。

アメリカ人弁護士は、日本と法体系が違う「英米法」で行われる裁判のために採用が認められ、一部の者はプロ意識を見せ、実に熱心に活動した。

ブレイクニーは法廷でこう発言した。

我々は広島に原爆を投下した者の名を挙げることができる。投下を計画した参謀長の名も承知している。その国の元首の名前も我々は承知している。彼らは殺人罪を意識していたか。してはいまい。

原爆を投下した者がいる！

この投下を計画し、その実行を命じこれを黙認した者がいる！

その者達が裁いているのだ！

この発言が始まると、「チャーター」で定められているはずの同時通訳が突然止まり、日本語の速記録にもこの発言は記載されなかった。

その後も弁護団が裁判官をやり込める場面は何度もあったが、その度に裁判長は理由も明確にせず「却下」を続けた。

検察側が提出する証拠はどんな怪しいものでも採用され、
弁護側の証拠はことごとく却下された。

証人が被告人に有利な証言をしようとすると、その都度、裁判長が発言を阻止するので、スミス弁護士が「法廷は弁護人の審理に対して不当なる干渉をしている」と発言すると…

裁判長はスミスを裁判から除外した！

マッカーサーの「チャーター」は、裁判官に弁護人を忌避する権利まで与えていたのである。
スミスは裁判から除外されても記者席に姿を現し、代理の弁護人を通して裁判にかかわり続けた。
恐ろしく不公正な「裁判」は、2年半にわたって行われ、その間、GHQによる大々的な宣伝が行われた。
この裁判は「文明」が原告である！
将来の戦争防止が目的で、新しい国際概念を生み出す世紀の裁判だ！
すさまじい独善という他ないが、徹底的な検閲で「裁判」の批判は禁じられ、「文明の裁き」の宣伝の下、検察側の主張が一方的に報道され続けた。
世界注視第一級戦犯裁判開く
被告席に沈痛の色
罪状認否けふに持越し
公正に迅速に裁判
罪の数は多く規模廣汎
正義の正しき實行
戦争惨害を防止
キーナン検事 歴史的陳述
判決下る
東條、廣田ら七名絞首刑
木戸ら十六名終身禁固
醜悪、虚偽に満つ
しかも検閲が行われていること自体が秘密にされたため（事前検閲）、
国民は根拠も怪しい検察の主張が「文明の裁き」で明らかにされた事実だと信じてしまった！

判決に際しても、判事11人全員による会議は一度も行われなかった。

判決はウェッブ裁判長まで疎外して、

「7人組」と呼ばれた判事たちで決められ…

「全員有罪、うち7人絞首刑」という「多数判決」として確定となった。

それとは別に5人が個別の意見書を書いている。

ウェッブ裁判長は「共同謀議」だけでの死刑判決には反対。レーリンク判事は一部の被告に無罪を言い渡した。

フランスのベルナール判事は、手続き面に多くの不備があり、裁判は有効とは認めがたいと批判した。

フランスは「ロンドン協定」の時点から、事後法で戦争裁判を行うこと自体に消極的だった。

「7人組」の一人、フィリピンのジャラニラは「多数判決」に同意する一方で、判決は寛大すぎて「見せしめ」として有効性がない、全員を極刑にせよと主張した。

ジャラニラは「バターン死の行進」の生き残りといい、意見書は個人的な復讐感情がむき出しだった。

そして唯一の国際法学者パール判事は「全員無罪」を主張した。

その判決文は英文で1275ページにも及び、清瀬一郎は「国際法学上また文明史上実に重大な文献である」と言った。

だがパール判決は1952年の占領解除まで一切公表を許されなかった。

こうして、連合国が「文明」「正義」であり、日本が「野蛮」「悪」だったとする「東京裁判史観」が出来上がり、現在もなお日本全体を覆っている。

日本のいわゆる保守論壇の者は、戦後長らく「東京裁判史観の克服」を訴えていたはずだった。

ところがイラク戦争の際、「戦争に正義も大義もない」「国際法など役に立たない」と平然と居直った。

戦争の大義
正邪ではなく国益で語
アメリカを擁護するあまり、国際法を無意味だとしてせせら笑ったのだ！

「正義だ悪だなんて不毛で無用なレッテル張りは、後世のひまな史家にまかせておけ」と言い放った者までいる。

産經抄
だったらもう、国際社会は力ずくの帝国主義の時代に逆戻りになる！

勝てば官軍、弱肉強食だけが国際社会のルールであり、負けた以上は、いくら「悪」のレッテル貼りをされてもやむを得ないということだ。

これではもう、竹島も北方領土も取り返せない。

正義も大義も国際法も無意味で役に立たないのなら竹島も北方領土もくれてやるしかない。

彼らにとって、「東京裁判史観の克服」とは一体何だったのか？

2000年12月、ある左翼団体が「女性国際戦犯法廷」なる模擬裁判を行った。
被告は昭和天皇と東条英機ら軍指導者、全員故人・25名。
戦時中に日本軍が慰安婦を利用した責任を問うというのだが、もちろん事後法であり、時効もなしで死者を裁き、しかも弁護人もなしというとんでもない「法廷」だった。
Women's International
日本軍性奴隷制を裁く 女性国際戦犯法廷
December 8-12 2000 Tokyo Japan
裁判長も首席検事もアメリカ人女性。
検事団には北朝鮮の工作員までいた。
傍聴人はこの法廷の趣旨に賛同するという誓約書に署名した者のみ。
「天皇裕仁、有罪」の判決が言い渡されると、総立ちで鳴り止《や》まぬ拍手の波。
壇上では元慰安婦と肩を組む者、涙の握手をする者、熱狂の嵐だったという。
ワァァァァ
パチパチパチパチ
主催者の一人は元朝日新聞編集委員で、朝日はこの「法廷」を連日報道した。
慰安婦問題
「昭和天皇にも責任」指摘
女性法廷閉幕 政府に謝罪を勧告
「女性国際戦犯法廷」始まる
12日に「判決」
女性国際戦犯法廷
慰安所で現地女性ら「奴隷状態」
東ティモールから証言者
短銃突きつけ強姦
敵を産む女は殺せ
女性戦犯法廷
元日本兵証言
また、NHKのあるプロデューサーは、これを取材して、主催者の趣旨そのままの番組を製作したため、NHKの上層部があわてて放送直前に一部を改変した。

その4年後、朝日新聞は十分な取材も裏づけもせず、「自民党政治家の圧力で改変された」と報道した。

朝日
「慰安婦」番組改変
中川昭・安倍氏「内容偏り」

前日、幹部呼び指摘
NHK側に2議員意見
幹部「圧力と感じた」

放送法は「自律性」保障
朝日新聞も、このNHKプロデューサーも、「東京裁判」は正当な裁判で、むしろ弁護士をつけた分、手ぬるかったと思っているのだろう。

「とにかく日本軍は悪なんだから、どんな形式でもそれを裁くことに意義がある」というわけだ。

保守論壇はこの「女性法廷」を批判していたが、彼らに批判する資格などあるのか？

戦争に勝ちさえすればこんな「裁判」でも許される、どうせ国際法なんて役にも立たないのだから、という主張じゃなかったのか？

左翼も保守も「ルール無用」の者たちである点は同じなのだ。

「東京裁判」の評価についてはこんな意見をよく聞く。

東京裁判には確かに不備もあったが、功績の面にも目を向けるべきだ。

何をとぼけたことを言っている？

「不備もあった」で済む問題ではない。

法の常識を理解できる者ならそもそも「東京裁判」は「裁判」として根本から成り立っていない、ということは大前提としなければならない。

それに「功績」とは何か？

GHQが宣伝したように、将来の戦争を防止したのか？

あるいは新しい国際概念を生み出したのか？

そんな上等なものは全く何もなかったのだ。

その後も絶えず戦争は繰り返された。

そしてそのことで裁かれた者は誰もいない。

「東京裁判」は、法的根拠もなく、日本だけを「復讐」と「見せしめ」で罰するために、政治的ショーとしてでっち上げられた「偽装裁判」であり、「功績」など何もなかった。

それはもう歴史が証明したのだ。

一方、「法律的には裁けなくても、道義的には責任がある」という声もある。

左寄りの人は「中国を侵略した加害責任がある」と言い…

右寄りの人は「負ける戦争をした結果責任がある」と言う。

もちろんわしだって、法に触れなければ何やったっていいなどと言うつもりはない。

法とは別に道義的な問題というものはある！

それは当たり前の話だ。

では、いわゆる「A級戦犯」に、未だに責められるべき道義的責任があるのか？

それを検証するためにわしはこの本を作ったのだ。

だが、たとえ道義的責任があったとしても、法に基づかない偽装裁判を行って個人を裁くなどという行為が正当化されてはならない。

それは釘を刺しておく。

パール判事は判決書で「東京裁判」をこう評した。

勝者によって今日与えられた犯罪の定義に従っていわゆる裁判を行うことは敗戦者を即時殺戮《さつりく》した昔と、われわれの時代との間に横たわるところの、数世紀にわたる文明を抹殺するものである。

それはまさに、インカ帝国を滅ぼしたスペイン人ピサロと、神父バルベルデがインカ王アタワルパに死刑を言い渡した「裁判」と何ら変わらぬ、時計の針を400年逆行させる蛮行だったのである。

万能の神の如く占領日本に君臨し、「東京裁判」を私物のように動かしたマッカーサーは、「裁判」の終了から2年も経《た》たない1950年、トルーマン大統領に「東京裁判は誤りだった」と告白したという。

「東京裁判」が裁判の名に値しないものだったことは、今や全世界の国際法学者の常識である。

それなのになぜ、日本においてだけ未《いま》だに「東京裁判」に「功績」を認めようなどと言う者がいるのだろうか？

もはやごーまんでもなく当たり前かましてよかですか？

「東京〝偽装〟裁判」で裁かれたことで、いわゆる「A級戦犯」を犯罪人と見なすことはできない！

未だに「A級戦犯」と呼んでいること自体が不当である！

この書では「いわゆる」を付けてA級戦犯にはカッコ付きで表現する。

彼らが本当に非難されるべき人物だったのかどうか、検証しよう。

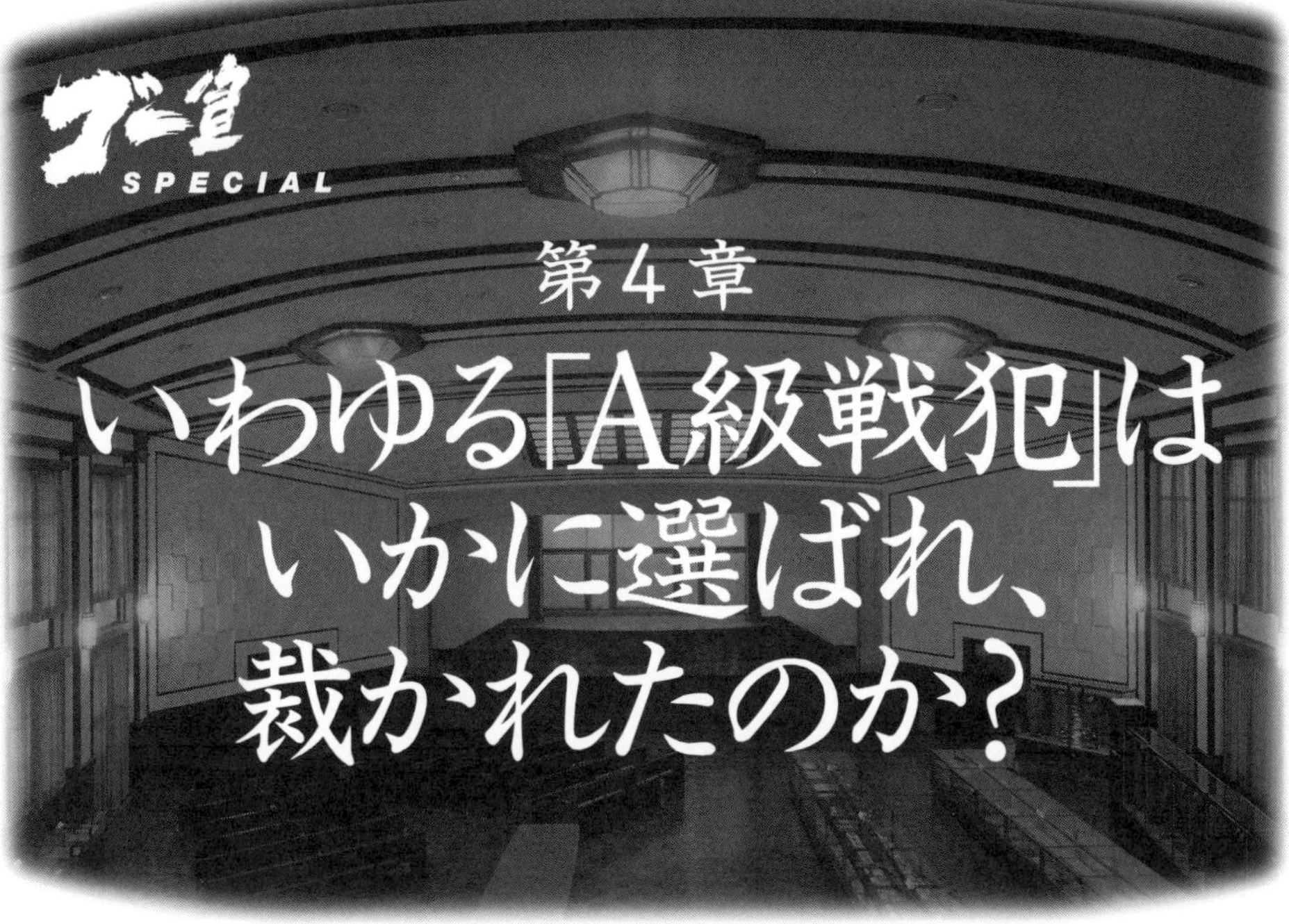

ゴー宣 SPECIAL

第4章
いわゆる「A級戦犯」はいかに選ばれ、裁かれたのか？

昭和20年8月30日。米軍機「バターン号」が厚木飛行場に到着した。マッカーサーは「絶対的支配者の降臨」を演出し、得意満面で降り立った。

だが日本にはもうオンボロ車しかなく、厚木から横浜の宿舎に向かう車列は勝者の行進どころか「ドサ回りのサーカス」にしか見えず、マッカーサーは憮然とした。

その夜、マッカーサーは部下に最初の命令を下した。

「トウジョウを逮捕せよ。そして早急に同種の戦争犯罪人のリストを作成せよ」

命令を受けたソープ准将は困惑した。戦勝国が敗戦国の指導者を「戦争犯罪人」として裁くなんて聞いたことがない。「日本人に損害をうけて怒りにもえる連合国民の法廷で裁くのは、むしろ偽善的である」「リンチ裁判用の事後法としか思えなかった」と後にソープは語った。

だが軍人として上官の命令は絶対である。ソープは3人の部下と「戦犯」の人選を始める。とはいえ彼らは新聞や雑誌で「トウジョウ」や「ヤマモト」の名前を知っていた程度で、日本の政治や軍について、何も知らない。仕方なく紳士録や電話帳まで引っ張り出して「戦犯」選びをする有様で、作業は進まなかった。

マッカーサーは明らかに不機嫌な様子でソープに命じた。

「私の命令が10日間も実行されないのは、前例がない事件だ。48時間以内に、第一次戦犯リストの提出とトウジョウ将軍逮捕のニュースを期待している！」

切羽詰ったソープは、ふと思いついた。

「トウジョウが戦犯第一号なんだから、とりあえずパール・ハーバー攻撃時のトウジョウ内閣の閣僚を並べよう！」

というわけで、まず開戦時の東条内閣の閣僚11人の名が「A級戦犯容疑者」に並んだ。後の首相・岸信介も、当時商工相だったというだけの理由で加えられた。

次には本間雅晴将軍らフィリピン関係者の名が続いた。マッカーサーはフィリピン方面軍司令官の際、日本軍に敗れ「アイ・シャル・リターン」とカッコだけつけて部下を見捨てて逃げた。その復讐のためである。

さらに日本人に協力した外国人を加え、やっつけ仕事で作られた39人の「A級戦犯容疑者」のリストがマッカーサーに提出された。

この中には、大東亜会議に参加したフィリピンの大統領ホセ・ラウレルや国民議会議長ベニグノ・アキノ（暗殺されたベニグノ・アキノ・ジュニアの父）、ビルマ独立義勇軍司令官のオン・サン少将（アウン・サン・スー・チーの父）の名も含まれていた。白人戦勝国の言う「A級戦犯」の実態が、ここにも露呈している。その後「A級戦犯容疑者」は次々追加され、100人以上に膨れ上がった。マッカーサーは元アメリカ司法長官補のキーナンを「国際検察局」（実態はほとんど「アメリカ検事団」）の局長に任命し、「容疑者」の中から起訴する人物を選定させる。

かくして昭和21年4月29日の天長節（天皇誕生日）に合わせて行われる起訴を前に、28人の「A級戦犯」が選ばれた。

ところが起訴状の準備も終わった4月13日、ようやく来日したソ連の検事団が、独自に被告の選定をすると言い出した。米検事団は猛反対するが、ソ連は駐ソ大使を務めた重光葵《しげみつまもる》元外相と関東軍司令官だった梅津《うめづ》美治郎《よしじろう》大将を「A級戦犯」に加えろ、さもなくば裁判に参加しないと脅した。

「ソ連のなじみのやり方だ！ 対日参戦もそうだったが、ギリギリの時に出てきて獲物をほしがる！」とマッカーサーは怒りを顕《あら》わにした。

だが「連合国の裁判」という体裁を保つには、ソ連の参加が不可欠だった。被告席の数が決まっているなら、元首相・阿部信行大将と真崎甚三郎大将を外して重光・梅津を入れろというソ連の横車を、マッカーサーは認めてしまうのだ。こうして阿部・真崎が外され、誰も「戦犯」などとは夢にも思わなかった重光と梅津が起訴当日に逮捕され、「A級戦犯」にされる。「A級戦犯」にされるもされないも、基準はただひとつ「戦勝国の都合」だった。

「戦犯」を特定するためにマッカーサーが公布した「極東国際軍事裁判所条例（チャーター）」は、ドイツを裁いた「ニュルンベルク裁判所条例」をほぼそのまま適用していた。ただしニュルンベルク裁判は一応連合国の管轄下で行われたが、東京裁判はアメリカ一国が主導していた。

ニュルンベルク裁判では、特に重大な戦争犯罪を次のように分類していた。

A級犯罪・平和に対する罪

B級犯罪・通常の戦争犯罪
C級犯罪・人道に対する罪
このうちA級とC級は前述したように「事後法」である。

A級犯罪「平和に対する罪」は、戦争を起こしたことを犯罪として、しかも戦争を起こした国の指導者個人の刑事責任を問うとした。

何度も言っているが、戦争を起こしたことを犯罪とする法律はない。しかも戦争は国家の行為であって、個人が責任を問われるという法律もない。戦争とは国家同士の「決闘」のようなもので、敗者は賠償金や領土割譲などの形で国家としての代償を払う。これは「犯罪」としての処罰ではなく、まして個人の責任追及などされないのが当時の国際法の常識だった。

にもかかわらず、敵国指導者への復讐心を満たしたい願望から、戦勝国は「事後法」で国際法を蹂躪《じゅうりん》したのである。

また、ドイツ国民にとっては、「個人の責任追及」はかえって好都合だった。ホロコーストを含め、全ての責任をナチスの個人に転嫁できるからである。

これにより、民主主義でナチスを選び、ナチス政権の下で戦争やユダヤ人迫害に尽力したはずの全ドイツ国民がヌケヌケと「無関係」ということになり、現在、「日本は歴史を清算していない」などと偉そうに言っているのだ。

C級犯罪「人道に対する罪」は、ホロコーストを裁くための事後法だった。ホロコーストほどの巨大な惨禍に対しては、事後法もやむをえないと言う人もいる。

だがそれは違う。そもそもホロコーストは「戦争犯罪」ではない。戦争の遂行とは無関係に行われた、純然たる凶悪犯罪である。

ナチス・ドイツはユダヤ人と戦争していたのではない。自国民であるユダヤ民族を抹殺しようとしたのだ。これは事後法ではなくドイツ国内刑法で「殺人罪」として裁けたのである。日本の「戦犯」のABC級の分類は、ドイツのABC級と同じになるはずだった。しかし日本はホロコーストなどしていない。逆に「人種差別は八紘一宇の国是にそぐわない」と同盟国・ドイツの圧力をはねのけ、ユダヤ人を排除しない政策を貫いた。つまり、日本には本当は「C級戦犯」はいなかったのだ。

本当の「C級戦犯」は、原爆を落としたアメリカにいる!

だがアメリカはどうしても、日本をドイツと同じにして裁きたかった。そこでABC級の定義をすり替え、さらに「BC級」と区別をあいまいにして、訴因の構成も微妙に変え、無理やりドイツの裁判と同じような体裁をでっち上げたのである。

しかし日本の「A級戦犯」をナチス・ドイツと同じ「平和に対する罪」で裁くには、根本的に無理があった。

ドイツでは、ヒトラーが1933年に首相、1934年に総統となり、1945年に自殺するまで「独裁体制」で、その間、ラインラント侵入、オーストリア併合からポーランド侵攻、第二次世界大戦と、全ての軍事行動はヒトラー以下ナチス幹部の「共同謀議」による、一貫した膨張政策に基づいて行われた。

それに対して日本では、1931年満州事変、1937年支那事変、1941年大東亜戦争の時の内閣が全部違う。

政府方針に背いて満州事変を起こした石原莞爾が支那事変には反対したように、立案・遂行した者も別々。一貫した政策もなく、政府と軍の足並みは揃わず、軍の内部でも対立があり、国内の意見は割れ続けていた。

それでも28人の「A級戦犯」をナチスと同じ「平和に対する罪」で裁く以上、何が何でも日本とドイツを同じにしなければならない。そうしなければ被告は全員無罪、「東京裁判」は一から成立しなくなる。そこで検察団はとんでもないストーリーを作り出した。

「1928年から1945年まで、『A級戦犯』の28人が共同謀議し、一貫して満州、中国、東南アジア、太平洋、インド洋地域を侵略、支配すべく陰謀を企て、実行した」

少しでもマトモに昭和史を学んだ者なら、吹き出してしまう話だろう。「A級戦犯」の一人・賀屋興宣《かやおきのり》は起訴状を読んでむしろ恐縮したという。

「なにせ、アンタ、ナチと一緒に、挙国一致、超党派的に侵略計画を立てたというんだろう。そんなことはない。軍部は突っ走ると言い、政治家は困ると言い、北だ南だと国内はガタガタで、おかげでろくに計画も立てずに戦争になってしまった。それを共同謀議などとは、お恥ずかしいくらいのものだ」

確かに、「共同謀議」ができたくらいなら、アメリカとも、もっとましな戦争がやれただろう。

そもそも「共同謀議」という罪（共謀罪）は、非合法行為を共謀し実行した場合、実行犯以外の共謀者も罪とするものだが、これは英米法にしかない、最長でも2年の刑の微罪だった。

国際法はもちろん、大陸法など他の文明国にもなく、現在の日本でも「共謀罪」を組織犯罪防止のために導入すべきか、議論が続いている最中である。そんな特殊な罪で国家指導者を裁こうという乱暴な話だったのである。

起訴状には「共同謀議」が行われたのは「1928年1月1日から」となっている。なぜ満州事変の1931年からではなく、1928年なのか？　それはおそらく、検事団が当初

「田中上奏文」という偽書を信じたからだろうと思われる。

「田中上奏文」とは、1927年7月、田中義《ぎ》一《いち》首相が天皇に上奏した文書という形になっており、その内容は、世界征服のためには支那を、支那征服のためには満蒙を征服しなければならない、それが明治天皇の遺志である、という荒唐無稽なものだった。

これは中国人が作成したと見られる明らかな偽書だが、「日本は世界征服を企む悪の帝国である！」という反日宣伝に大いに利用された。

東京裁判の検事団は、これが本物なら願ったり叶ったりだったが、さすがに途中で偽書だとわかり、証拠には採用しなかった。だがその名残で、共謀が始まった時を「田中上奏文」の翌年の1月1日にしたわけである。

起訴状で「A級戦犯」が「共同謀議」したという期間、内閣は18回も交代している。田中義一、浜口雄幸《おさち》、第二次若槻礼次郎、犬養毅《いぬかいつよし》、斎藤実《まこと》、岡田啓介、広田弘毅《ひろたこうき》、林銑十郎、近衛文麿、平沼騏一郎、阿部信行、米内《よない》光政、第二次近衛、第三次近衛、東条英機、小磯国昭、鈴木貫太郎、東久邇宮稔彦《ひがしくにのみやなるひこ》。この中で首相の暗殺・暗殺未遂による倒閣が3回。軍との意見不一致による倒閣あり、疑獄事件の引責辞任あり、議会の反対による倒閣あり、閣内不一致あり。これでどうやって、一貫した侵略政策の「共同謀議」をしたというのか。この歴代首相のうち10人が東京裁判の時存命だったが、広田、平沼、東条の3人以外は「A級戦犯」になっていない。逆に「A級戦犯」の28人は、田中、浜口、林内閣には誰も関わっていない。

東条英機だって1928年は大佐になったばかりで、起訴状の期間、ヒトラーのように継続して支配的地位にいた「A級戦犯」は一人もいない。

それどころか、28人の中には政敵同士だった者もいれば、一度も会ったこともない者もいた。

これで「共同謀議」があったなどと思えたら、どうかしている。これだけで「A級戦犯」は全員無罪だったのだとわかる。

しかも、仮にも大東亜戦争の終戦条件だった「ポツダム宣言」に基づく裁判である以上、この裁判が管轄するのは大東亜戦争、つまり1941年12月8日以降の事項に限られるはずである。それを14年近くもさかのぼるのだから、デタラメにも程がある。そこには、ソ連が自分の立場を正当化したいという思惑もあった。何しろ日本は大東亜戦争ではソ連と戦う気は全くなかったのだから、日本がソ連に行った「戦争犯罪」など何もない。その逆ならいくらでもあるが。

だがソ連は東京裁判を「日露戦争の復讐」と考え、1938年の張鼓峰事件と1939年のノモンハン事件を日本の侵略として訴因に入れた。そのために期間をさかのぼる必要があったのである。

しかしこれらの事件は既に日ソ間で休戦協定が結ばれており、それを無視して一方的に断罪するわけだから、無法者としか言いようがないのだが。

また、起訴状にはなぜか「タイ王国に対する戦争」という訴因まであった。言うまでもなく、日本はタイとは戦争をしていないのに。

「東京裁判」とは、ここまでデタラメの限りを尽くしたものだった。2年半の間、裁判とは呼べない審理が行われ、起訴された28人中、公判途中で死亡した2人と病気で免訴になった1人を除く25人全員に有罪が言い渡された。なんと、22人が起訴され3人が無罪だったニュルンベルク裁判より厳しい「判決」だった。

被告25人中23人、死刑となった7人のうち6人までが、ありもしない「共同謀議」で有罪とされていた。

そしてGHQの情報統制で「昭和以降、日本の指導者は一貫してアジアへの侵略政策を企て、その結果アメリカと戦争した」という、いわゆる「東京裁判史観」が日本人にすり込まれた。左翼はこれを占領解除後も「十五年戦争史観」として受け継ぎ、より強化させてきた。

こんなものは、元を質《ただ》せば「田中上奏文」という偽書をベースにした、完全な陰謀史観にすぎない。「ユダヤ陰謀論」などと全く同類の話である。だがそんな陰謀史観が現在も、日本のほとんどの歴史教科書に書かれているのである。

連合国が勝手に決めた「A級戦犯」なるものに選ばれた人々が、一体なぜ今なお同胞のはずの日本人からまで、非難されなければならないのだろうか？

自称保守は、こんなことをよく言う。

「東京裁判の不正ばかりあげつらってもしょうがない。問題は、負ける戦争をした責任者を、日本人自ら裁かなかったことだ」

石原慎太郎までがそう言い、靖國参拝の際には「A級戦犯」の何人かを念頭から外して合掌しているなどと言う有り様だ。

自分たちで裁くべきだったたって、何を根拠に？　やはり事後法を作るのか？

「東京裁判の正当性を云々することにかまけても仕方ない」

「〝勝者の裁き〟の面だけをクローズアップすることで、東京裁判の本質を見誤ってはならない」

「東京裁判には影もあるが光もあった」

……たびたび目にする常套句だが、こんなことを言う者は全て、卑劣な「東京裁判」によって日本人の魂が踏みにじられたという事実から目を背け、「勝者の裁き」の正当化に手を貸しているに過ぎないのだ。

全世界の国際法学者が批判している「東京裁判」を全面否定することなくして、「東京裁判史観」の克服などあるはずがない！

それではさらに「東京裁判」の正体を浮き彫りにするため、いわゆる「A級戦犯」一人ひとりの実像に迫っていこうではないか。

ゴー宣
SPECIAL
第5章
広田弘毅
自ら計らわず、
自然に生きて、自然に死ぬ

昭和21(1946)年5月2日、東京裁判が開廷される前日のことであった。巣鴨プリズン面会所でこのような会話があった…
広田弘毅
花井忠・弁護人
裁判長が有罪を主張するか、無罪を主張するかと聞きますので、必ず「無罪」と答えてください。
いえ、私は有罪です。

手続き上のことです。米英の法廷では罪状認否で被告が「無罪」と言わなければ、後の弁護ができないのです。

私には、戦争の責任があるのです。

どうしても言わなければならないなら、すみませんがあなたが言ってくれませんか？

それはできないんですよ。

お願いします。

お願いします。

困ったなあ……

広田弘毅は、明治11（1878）年、福岡の貧しい石工の家に生まれた。

福岡市街、天神の水鏡天満宮の鳥居の額は広田の文字だが、これはなんと11歳の時の書である。

天満宮
幼少時から優秀だった広田は、士族か金持ちの師弟くらいしか中学に進学しなかった時代に、県立中学修猷館《しゅうゆうかん》に進み、さらに玄洋社が経営する明道館という道場で柔道を始めた。

「玄洋社」とは、のちに右翼の源流という評価をされる福岡の政治結社だが、この評価もGHQの弾圧のせいで誤解されてる部分も多い。

玄洋社のメンバーは、明治開国以来、日本が外国に結ばされた「不平等条約」を解消するために、まさに命を賭けて戦ったのだ。

明治22(1889)年、政府が不平等の強化につながる条約改正を強行しようとした際は、玄洋社の来島恒喜《くるしまつねき》という青年が大隈重信外相に爆弾を投げて片足切断の重傷を負わせ、実力で阻止するのに成功した。

来島はその場で自決!

今でいうならテロだが、当時はこの愛国心が必ずしも否定はされなかった。

また、日清戦争では玄洋社のメンバーは「天佑侠《てんゆうきょう》」という義勇兵を組織して戦っている。

ハンパな、口先だけの愛国心ではないのだ。

だが、日清戦争で手に入れた遼東半島はロシア・フランス・ドイツの三国干渉によって返還を余儀なくされてしまった。

これでは命を賭けて戦った青年たちが怒るのもやむを得ない。

同志の血の犠牲は無駄だったのか!

広田は正式な玄洋社員にはならなかったが、玄洋社に出入りして講義や討論を聴いていた。

戦争に勝っても外交に負けては、血の犠牲も無駄になってしまう。

広田は外交官になろうと決心、東京の第一高等学校に進学した。

東京では、広田は同郷の仲間と共同生活をしていた。

生活は貧しく、ろくな食べ物はなかったが、たまに馬肉などがあるとみな、大はしゃぎだ。

特に広田はたわいないダジャレが好きだったようだ。

うまっ！

この馬肉、ウマか～～～♡

ウマの合う仲間と食う馬のウマいこと～～っ
容貌にも人格にも似合わない、広田のこのダジャレ好きは、後世に妙な誤解を残すのだが、それはまあ、最後まで読んでみていただきたい。

男ばかりの書生たちに、炊事などの世話をする女学生がいた。

にぎやかなこと！

玄洋社員の娘だった月成静子…後に広田と結婚する女性である。

明治38（1905）年、広田は東京帝大を卒業。翌年外務省採用、外交官となり、清、イギリス、アメリカ、オランダ、ソ連で大使や公使を務める。

広田は社交界のような華やかな世界を好まなかった。

静子夫人はより控えめな性格で体も弱く、海外勤務はほとんど単身赴任だった。

広田は日本では情報部次長や欧米局長などを務め、その人柄や見識の広さから、外務省で一番、来客が多かったという。

だが広田は名誉や財産のような俗世の欲得には全く淡白だった。

中学時代に修業した禅による人生観であろう。

自然のまま、「自ら計らわず」、「物来順応」という生き方に徹していた。

広田は外務省での出世も望まず、駐ソ大使を最後に55歳で鵠沼《くげぬま》の別荘に閑居した。

忙しい時代に惑わされず、静かに世界の動きを見る人が必要だという考えだった。

広田が、世事を離れている間、歴史は大きく動き始めていた。

広田が再び表舞台に出るまでの情勢を見ておこう。

昭和6(1931)年、満州事変 勃発！

現地の関東軍が独断で起こし、不拡大方針だった軍中央や政府も引きずられ、追認していった。

その後の歴史はとかく、「軍の暴走」の一言で片付けられるが、「暴走」にも理由はあった。

満州は日露戦争で戦病死者十二万、戦費十五億円の犠牲を払って権益を得た土地であり、特別の国民感情があった。

人口過剰で食糧・資源の不足に悩む日本にとって、満州は無限の可能性を秘めた土地であり、『日本の生命線』と呼ばれていた。

日本からは莫大な投資が行われてインフラが整備され、百万の移民が渡っていた。

この日本人の移民による満州の発展を見て、中国国民党政府やシナ人の軍閥らは、その権益を奪取しようと企《たくら》んだのだ。

かくして、シナ兵による日本人に対するテロが頻発する！

そこに日本人が居たことは国際条約の結果であるから問題はない。

だがテロは止《や》む気配がない。

現地の関東軍から見れば、
軍中央や政府の対応は
あまりに手ぬるいと感じた。
だから関東軍は
独断で事を起こすしか
ないと、判断したのだ。
満州事変は希代《きたい》の軍略家・
石原莞爾の計画どおりに
成功を収め、
大多数の国民が支持した。
だがこの「成功」が、
その後、際限ない「暴走」を
生み出していくとは
天才・石原も
予測しなかったに違いない。
日本国内では、
政党や財界が腐敗しているとして、
これを打倒しようとする
テロやクーデター未遂が相次ぐ。
犬養毅《いぬかいつよし》 首相は
軍の統制回復を図るが、
5・15事件で
海軍青年将校に暗殺され、
政党内閣は終焉《しゅうえん》する。
世論はこれらの犯人に同情的で、
さほど厳罰に処されることもなく、
それがさらなる「暴走」を生む。
昭和7（1932）年
日本政府は
満州国を承認。
ついに国際連盟を
脱退するに至った！

この時の斎藤実内閣の下で、軍部に対抗できる強力な人材として、外相に推薦されたのが、広田弘毅である！

すでに軍が世論を味方につけて強力になっている時に、広田は外相に就任した。

そんな中で広田が掲げたのは、「和協外交」だった。

日中関係の正常化と、満州事変によって悪化した対米英・対ソの関係改善に広田は力を尽くした。

広田は斎藤内閣の次の岡田啓介内閣でも留任した。

私の在任中に戦争は断じてない！

広田はそう明言し、昭和10年前後、しばらく日中関係は好転・安定した。

ただしその間も、陸軍が満州に接する華北地方を中国の影響下から分離する工作を行うなど、火種は常にあちこちでくすぶっていた。

昭和11(1936)年、2・26事件 勃発。
閣僚を殺害され、岡田内閣は総辞職する。
後継首相に選ばれた近衛文麿は、病気を口実に固辞。
そのため重臣会議で広田が推薦される。
広田は辞退するが、近衛が懸命に口説き、天皇の命を受けることになる。
広田は天皇の任命を受けるために拝謁《はいえつ》したのだが…
卿に組閣を命ず。
第一に、憲法の条規を遵守《じゅんしゅ》し、政治を行うこと。
第二に、外交においては無理をして無用の摩擦を起こしてはならないこと。
第三には、財界に急激なる変動を与えないこと。
第四には名門をくずしてはならないこと。
ここまでは首相任命時、恒例の言葉だった。だがこの時は、もう一言付け加えられた…
なぜ特別にそんな言葉が加えられたのか?

今日の閣議でも第四の条項は話さずにおいた。

これは一体陛下の御意思によるお言葉なのか、
側近の者が陛下のお言葉を借りて言ったものかわからないが…

自分は50年早く生まれすぎたような気がする。

広田は名門ではない。貧しい石工の子である。それが名門を崩す恐れありと思われたのか…

それはわからないが、天皇は広田に好印象を持っていなかったようだ。

後に、日米開戦直前の広田についてこう語っている。

玄洋社出身の関係か、どうか知らぬが、戦争をした方がいいと云ふ意見を述べ…

全く外交官出身の彼としては、思ひもかけぬ意見を述べた。

(『昭和天皇独白録』)

ところが記録では実際の広田の発言は全く違う。

たとえやむをえず開戦したとしても、常に細心の注意をもって機会をとらえ、外交交渉によって解決の道をとるべきである。

「玄洋社出身の関係か」と仰せられているが、どうやら天皇は「右翼」と言われる者に偏見に近い嫌悪感を持っておられたようだ。
2.26事件など「皇道」を掲げる軍人が暴走を繰り返し、信頼する臣下まで殺されたのだから無理もないが、
玄洋社はそのような団体ではなく、広田はその正式な社員でもなかったのだが…

広田内閣は組閣人事でいきなりつまずいた。

文民内閣を阻止したい思惑で陸軍が露骨に干渉、特使の武藤章中佐の意を受けて寺内陸相が要望を出したのだ。

陸軍は破壊を目的とするものではない。非常時を乗り切るための強力な内閣の出現を希望しているに過ぎない！

政党からの入閣は一政党一人にすべきだ！

広田は寺内から武藤に電話をかけさせた。

組閣遂に成らず、軍部、組閣を阻止するということを明日の新聞に発表致しますが、ご了承願います。

この時、軍は下克上状態、寺内陸相は武藤ら若手将校の言いなりだった。

武藤もさらに強硬な若手の意見との折り合いをつける意図もあり、広田の電話での最後通牒《つうちょう》に折れ、組閣に同意した。

だが最初に予定していた閣僚の半数が変更されていた。

陸軍の意向を無視しては、組閣も政権運営も困難な状態だった。

しかし、広田内閣の最大の使命は「粛軍」にあった。

その過程で、軍の要求により後に禍根《かこん》を残す「軍部大臣現役制復活」と、

「日独防共協定締結」が成立している。

このようなことから広田を酷評する者もいる。

だが他の誰が首相でも、2・26事件直後という最も不穏な時期に、全く軍を無視することなどできるはずがなかった。

広田も自ら望んで首相になったのではない。

ただこの非常時に政治の空白を作らないために、やむなく引き受け、ぎりぎりの努力をしたのである。

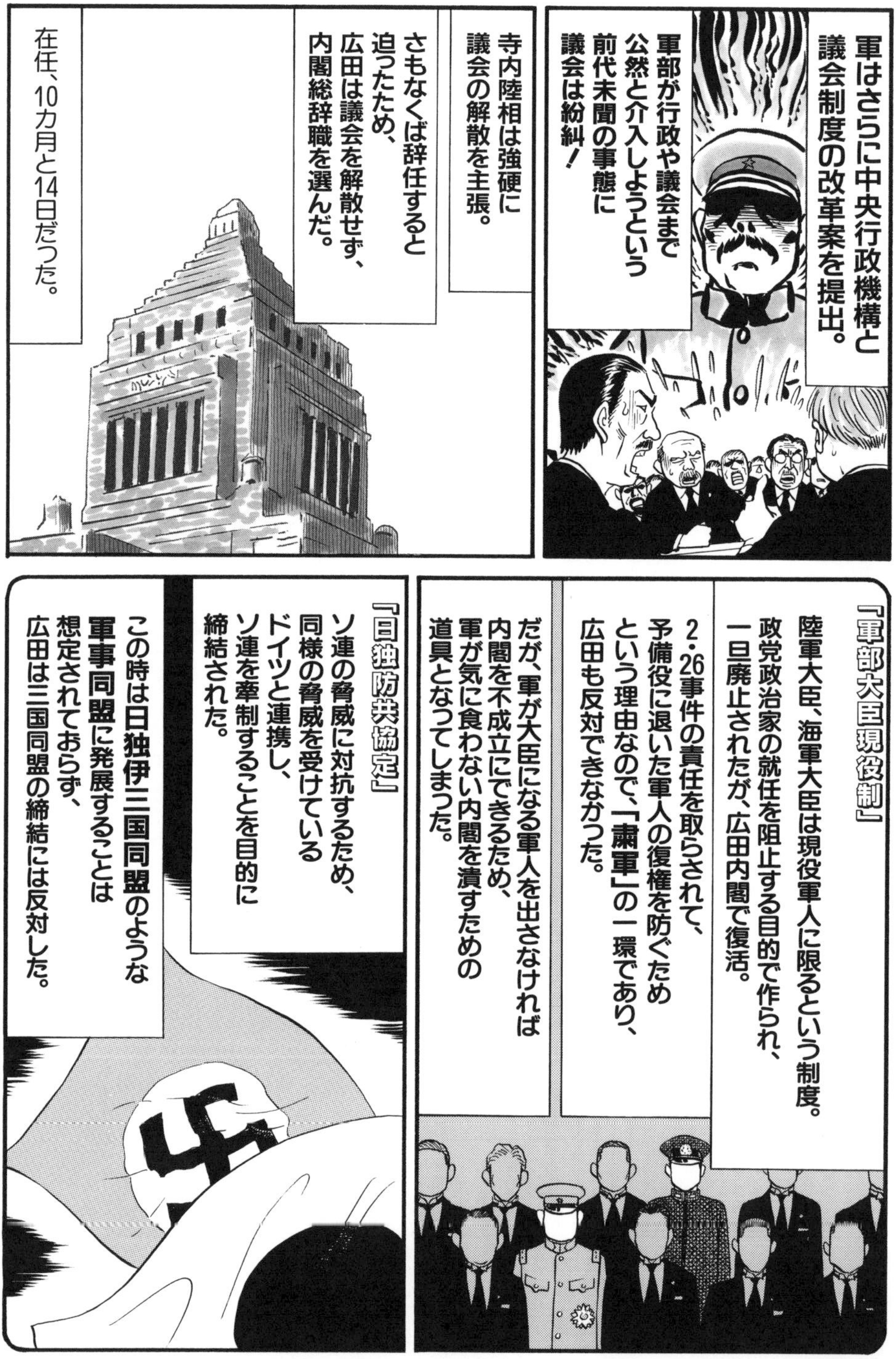
軍はさらに中央行政機構と
議会制度の改革案を提出。
軍部が行政や議会まで
公然と介入しようという
前代未聞の事態に
議会は紛糾！
寺内陸相は強硬に
議会の解散を主張。
さもなくば辞任すると
迫ったため、
広田は議会を解散せず、
内閣総辞職を選んだ。
在任、10カ月と14日だった。
『軍部大臣現役制』
陸軍大臣、海軍大臣は現役軍人に限るという制度。
政党政治家の就任を阻止する目的で作られ、
一旦廃止されたが、広田内閣で復活。
2・26事件の責任を取らされて、
予備役に退いた軍人の復権を防ぐため
という理由なので、「粛軍」の一環であり、
広田も反対できなかった。
だが、軍が大臣になる軍人を出さなければ
内閣を不成立にできるため、
軍が気に食わない内閣を潰すための
道具となってしまった。
『日独防共協定』
ソ連の脅威に対抗するため、
同様の脅威を受けている
ドイツと連携し、
ソ連を牽制することを目的に
締結された。
この時は日独伊三国同盟のような
軍事同盟に発展することは
想定されておらず、
広田は三国同盟の締結には反対した。

その後わずか4カ月の林内閣を挟んで
昭和12(1937)年、
近衛文麿 内閣が成立。
広田は近衛から特に頼まれ、
三たび外相に就任した。
公家の出自と45歳の若さの
近衛は、国民の高い人気を集めた。
この時期、
外相を務めたことが、
広田にとって不運だった。
間もなく、7月7日、
盧溝橋事件が起き、
日本は泥沼の戦争に
巻き込まれていくからである。
翌日の8日、陸軍中央と外務省は
直ちに不拡大・現地解決の方針を決定！
派兵を主張する意見に、
広田外相はじめ全閣僚が
全面戦争誘発の危険あり
として反対し、
9日、現地停戦協議が成立した。
だが、現地ではシナ軍が協議に反し、
挑発を続けたため、
11日、政府は内地3個師団の派兵を
一度は決めたのだが、
その日の夜8時、
現地停戦協定が成立して
派兵を見送っている。
日本は政府・軍ともに
不拡大方針を貫くのだが、
シナ側がどうしても
停戦協定を破って
テロ行為に出る。
19日には「排日取締り」に関する
細目協定が成立し、
共産党の策動を弾圧することや
排日団体・排日運動を取り締まることも決められた。

それでもシナ側の排日テロは止まず、日本側はひたすら隠忍自重していたのである。

そんなシナ側の排日・侮日運動の空気の中、通州の保守隊（シナ人）による居留日本人264名が計画的に虐殺される事件が起こった！

7月29日 通州事件である。

女・子供までも無残に殺害した有様が日本国内でも報道され、当然、世論は激昂《げっこう》した。

そして8月14日 蔣介石が上海を爆撃！

上海租界の日本人や欧米の民間人1700人以上が死亡した。

近衛内閣は、ここに至ってついに不拡大方針を転換し、8月15日、上海派遣軍を送ることにしたのである！

支那事変はシナ側の協定破りのテロによって拡大していったことを忘れてはならない。

「暴支膺懲《ぼうしようちょう》（悪い中国を懲らしめる）」という、当時流行《はや》ったスローガンはテロに忍従した日本国民の感情が込められていた。

それでもまだ日本は、参謀本部を中心にドイツのトラウトマン駐華大使を仲介にして和平工作を進めていた。

広田外相は11月、トラウトマン経由で蔣介石に講和条件を伝えたが、蔣介石はこれを拒否していた。

12月13日、南京陥落!

日本国内は戦勝ムードに沸き返り、提灯《ちょうちん》行列で祝賀された。

皇軍萬歳
祝 南京陥落
この勝利で講和条件は一気につり上げられることになる。

占領翌日、大本営・政府連絡会議で広田外相が以前と同じ和平案を出すと、杉山元陸相、末次信正内相らから、強硬な反対意見が出た。

近衛首相も沈黙してこれを飲む他なかった。

蒋介石は和平を拒み、徹底抗戦の腹を決め、日本側への回答を先延ばししていた。

1月15日、回答期限が過ぎ、連絡会議で交渉継続を主張したのは多田駿《はやお》参謀次官ただ一人だった。

永き外交官生活の経験に照し、支那側の応酬振りは和平解決の誠意なきこと明瞭なり。参謀次官は外務大臣を信用せざるか?

果たして交渉継続で実りがあったかどうか、それは何とも言えないだろう。

翌、16日、近衛首相は声明を発表。

「国民政府を対手《あいて》とせず」

ジャーナリズムも国民もこれに大きな賛意を表した。

爾後國府對手とせず
新興政權と國交調整
政府重大聲明を發表
国民総意のこの状況の中でしか、もはや広田の仕事の余地は残されていなかったといえる。

だが、近衛はすぐにこの政策が失敗だと気づき、声明を撤回するために広田に詰腹を切らせる。

広田は責任を被《かぶ》って辞任した。

もともと近衛公を助けるために外相をお引き受けしたのだから、自分が勇退した方が近衛公を助けるためにご都合がよければ、いつでも退きましょう。

広田は淡々と甘受し、また閑居の身に戻るのだった。

その後、広田は重臣の地位にはあったが、ほとんど表舞台には出なかった。

終戦直前、ソ連を仲介に和平工作をすべく、ソ連大使と会談するがこれも実らず、
それればかりか終戦工作をしていることが軍に知れ、広田の家をめがけて日本軍機が低空飛行をする、近所で機関銃を持ち歩く者がいる。

護衛の警官が20人も詰めるが、その中にも信用できない者がいる。

しまいには「近所に迷惑がかかるかもしれない」と、警官に追い出されるように鵠沼を離れた。

昭和20年12月2日、広田弘毅に「A級戦犯容疑者」として逮捕令発令。
MP
MP
12月6日、近衛文麿に逮捕令を発令。
12月16日、近衛が服毒自殺した。
近衛も死んだかァ…
いつも泰然としている広田がこんな嘆息まじりの声を漏らすのは、家族も聞いたことがなかった。
広田は風邪で出頭が遅れ、翌年1月15日に巣鴨に入った。
大きな気持ちで行ってくるよ。
ただあまり簡単に考えないがよい。
MP
MP
MP
MP
広田は逮捕前の取調べを受けた時点で、既に覚悟を決めていたようだ。
どうも自分をよほど大物にみているらしいな。

GHQは、
日本は軍官・文官一体で
世界征服の「共同謀議」をした
というありもしない
ストーリーを作っていた。
文官の誰かを
その犯人に仕立てるとすれば、
三度首相を務めた近衛が死んだ以上、
次は首相と三度の外相を務めた
広田しかいなかった。
日本人の誰もが、
軍部に苦しめられ続けた
広田の姿を知っており、
巣鴨プリズンでも
同情的な声をかける者が
多かったが、
広田は決して楽観しなかった。
広田さんは
何かの間違いですよ。
きっとすぐ出られます。
さあ、
どうでしょうか…
面会に来た家族にも
こう言った…
これは裁判ではない。
裁判に出ても、
誰がこうしたとか、
誰がああ言ったなどという
ことは言わないつもりだ。
ただ外務省の方針と
そのやったことを明らかにする
だけでよい。
検事側は軍と
外務省の喧嘩を望んでいる。
その手に乗ってはいけない。

東京裁判の法廷には、広田の次女と三女が必ず足を運んだ。

声が届くわけでもない。ただ姿を見せ、視線を交わすだけ。それだけで、親子の深い愛情が周囲にも伝わった。

法廷で唯一の和やかな光景だった。

静子夫人は一度面会に行った後、こんな言葉をもらした。

パパがいる時代に日本がこんなことになってしまって、このような戦争を止めることができなかったのは恥ずかしいことです。

パパを楽にしてあげる方法がひとつある…

静子夫人は急に
鵠沼に帰ると言い出し、
一家はあわただしく引っ越す。
久しぶりの住み慣れた家で、
食後の会話に、ふと
乃木大将夫妻の殉死の話が出た。
やっぱりああいう時は
まず夫が自決し、
次に妻が後を追う
ものでしょうね。
杉山元帥夫妻もそうでした。
まあ、私なら
自分が先に死ぬわ。
翌朝、静子夫人は
寝室で死亡していた。
服毒自殺だった。
遺書はなかった。

遺書などなくとも、気持ちは通じているという確信があったのだろう。
知らせを聞いた広田も、二度、三度とうなずくだけで、何も話さなかった。
その後も、広田の娘二人の傍聴は一度も欠かさず、変わらずに続いた。
そして変わらなかったものがもう一つ。
広田が家族に書いた手紙の宛名は、最後まで「シヅコドノ」だった。

GHQの調査分析課長、ハーバート・ノーマンは玄洋社を「日本の国家主義と帝国主義のうちで最も気違いじみた一派」と決めつけていた。

その玄洋社と関わりがあることが、広田の立場をより不利にしていた。

玄洋社
静子夫人の自殺も、自身が玄洋社員の娘であることが影を落としていたともいわれる。

検察が広田を文官の「犯人」にするべく、特に目をつけたのが広田内閣当時の「国策の基準」だった。

「帝国として確立すべき根本国策は外交国防相俟《あいま》って東亜大陸における帝国の地歩を確保すると共に、南方海洋に進出するに在《あ》り」

実際はこれは閣議も経ず、内閣も重要視しなかった文書だった。

行政府と統帥部、陸軍と海軍がバラバラなので、双方の顔を立て、予算分配作業を調整するため事務当局がその場限りで作った「作文」だったのだ。

だが検察は、当初「日本の世界征服計画」の証拠に使おうとした「田中上奏文」が偽書だったため、この「国策の基準」を代用品にしたのである。

それでも広田はいかなる事情があろうと、自分の内閣で作成した文書であることに変わりはないと、一切の弁解をしなかった。

また「南京暴虐事件」では、広田を快く思っていなかった外務省の元部下が、広田が事件を知りながら積極的な対処をしなかったかのような証言をした。

たとえ事件が事実だったとしても、出先の軍隊の不祥事で、本国の外務大臣が責任を問われることは通常ありえない。

それでも広田は沈黙を守った。

巣鴨でも広田は寡黙だったが、その人柄に傾倒する者もいた。特に佐藤賢了がそうだった。

かつて議会を「黙れ！」と一喝し、軍の横暴の代表のように言われた男が「老境に入ってこんな親しみを他人に感ずることが自分でも不思議でならなかった」とまで言った。

戦争に負けて殺されるのはわれわれ兵隊だけで沢山だ。あなたのような外交官など早く帰ってください。

佐藤は事あるごとに広田に証言台に立って無罪を主張するよう説得した。

私は立ちません。

なぜそのように証言台に立つことを嫌われるのですか！

私が証人台に立てば検事からいろいろな尋問を受ける。それに対して正直に答えれば、他人の事に触れなければならない。それでは他人に迷惑がかかる。

それに家の者もみな覚悟しているでしょう。

私は一切、自分で計らわずに来ました。

首相になったのも、外相になったのも、むしろ自分では辞退したかったのですが、やむを得ずなったのです。

その他のこともたいがいは自分から進んで計らうことをせず、今日まで来ました。

この期に及んで今さら自ら計らう気はありません。

木戸幸一は、全ての責任を軍に押し付けることで、自分と天皇を守ろうとした。

軍人被告の一部にも責任を他人に転嫁しようとした者はいたし、海軍は責任を山本五十六《いそろく》など死者に負わせ、結果として一人の死刑も出さなかった。

広田の場合は特に、軍や死んだ近衛に責任を負わせれば助かる公算は充分あった。

しかし広田はそれを頑として拒み続けた。

広田は首相在任中に部下にこう語ったという。

軍部は野放しの暴れ馬だから、何をするかわからない。

横から飛び乗って、ある程度自分に引き寄せて、押さえていくしかない。

裸馬だからいつ振り落とされるかわからないが、誰かがやらなくちゃならない。

当時、軍部、マスコミ、大衆が一丸となって日本を押し流していく奔流があり、
広田は半ば諦念気味にその流れを押し上めることが自分の役割であると思い定めていたのではないか？

そして、それでも自分の外相在任時に支那事変が起こった以上、戦争を防げなかった責任は自分にある、他の誰の責任も言うつもりはないと腹を括《くく》っていたのだ。

守島弁護人は、陸軍の横暴の実態を暴くことが、広田ら外務省関係被告のためになると考え、有田八郎元外相を証人に立て、外務省資料から証拠書類を提出した。

だがそれで不利になる板垣征四郎ら軍人被告が、声を荒げて証言・証拠の撤回を迫り…

広田はその要求を聞き入れる。

そのため守島は弁護人を辞任した。

先にアメリカ人弁護人・スミスもウェッブ裁判長との衝突で辞任しており、広田の弁護陣は著しく弱体化したが、
広田は気にする様子もなく、ついに証言台にも立たず審理を終えた。

広田の証言拒否を「アメリカ人弁護人の誤った弁護方針に騙された」と誤解した者は多い。

中には、黙っていれば助かると思っていたと決めつけ、「自分だけは助かりたいと思っていたから、死を覚悟していなかった」とか、「支那事変の責任を一言も言わず、押しつけられたと言っては責任逃れをしていた」と、ボロクソに書いた本まである。

昭和23年11月12日、判決言い渡し。

デス・バイ・ハンギング
その時も、広田はいつものように傍聴席の娘に微笑を送り、
何事もなかったかのように法廷を去った。

一方、傍聴席や記者席は騒然となった。

広田の死刑を予想していた者はほとんどいなかったのである。

広田の死刑を意外に思ったのは日本人だけではない。「彼らは誰一人として、人類の品位というものを尊重していない」と、最終論告で最大限の罵倒をしたアメリカのキーナン首席検事ですら不満をぶちまけた。

なんというバカげた判決か！

広田が死刑などとは全く考えられない。どんなに重い刑罰を考えても、終身刑までではないか！

広田には
パール判事のみならず、
オランダのレーリンクも
無罪判決を下していた。
にもかかわらず、
11人の裁判官中、
6対5の1票差という
言語道断の方法で
死刑は決まった。
判決の翌日から、
広田の減刑嘆願署名運動が
始まった。
占領軍の決定に対する
反対運動など
考えられなかった時代に、
東京で3万人、
郷里・福岡では7万2千人の
署名が集まった。
だが広田の息子はこう言った。
これは判決後の
オヤジのいいつけですが、
絶対に嘆願書は出しては
いかんと申しております。
判決どおりの刑の執行を
受ける気持ちですから、
どうぞそうさして下さい。
弁護人はその覚悟に
感銘しつつ、なおさら
見殺しにはできないと
訴願書を書いた。
しかし、決定が
変更されることはなかった。
東条ら他の死刑囚は、
教誨師の花山信勝の説法に
心酔し、浄土真宗に帰依したが、
広田にはその説法も必要なかった。
歌か、あるいは詩か、
感想か、
何かありませんか？
公の人として
仕事をして以来、
自分のやったことが
残っているから、
今さら別に
申し加えることは
ないと思う。

でも何か感想がありやしませんか?

何もありません
ただ自然に死んで…

他に何かありませんか?

それは、判決前に市ヶ谷で申し上げておきました。

すべては無に帰して、いうべきことはいって、つとめは果たすという意味で来たから、今さら何もいうことは事実ない。

自然に生きて自然に死ぬ。

浄土真宗と禅宗の違い以上に、話はかみ合わない。

花山は広田の心境が理解できず、「実に手ごたえがなく何となく淋しそうで、およそ感激といったものは感じられなかった」と感想を記している。

花山は死刑囚7人の戒名を用意していたが、広田は、妻が死んだ時に一緒につけてもらった戒名があると辞退した。

そして昭和23年12月23日。先に土肥原、松井、東条、武藤の処刑が終わり、次いで仏間に板垣、広田、木村が入ってきた。

MP
MP

今、マンザイをやってたんでしょう?
前の4人と同様に線香を立て、署名をした後、花山が読経する。
このお経のあとで、マンザイをやったんじゃないか?
マンザイ?いやそんなものはやりませんよ。
?
いや、そんなことはないが…
我建超世願
必至無上道
斯願不満足
誓不成正覚
我於無量劫
ああバンザイですか!
バンザイはやりましたよ。
それではここでどうぞ。
あなたおやりなさい。
板垣の音頭で、大きな、まるで割れるような声で一同は「天皇陛下万歳」を三唱した。
それからブドー酒を飲み、水を飲み交わして、しっかりと握手をした。
みな、にこにことあいさつをして、感謝の言葉を残し、刑場に消えていった…

城山三郎の小説『落日燃ゆ』では、広田が万歳三唱に加わらず、意識して「マンザイ」と言ったとあり、それを元に「東京裁判」の解説書でも「広田は万歳に加わらなかった」とか「なんと、マンザイと三唱した」とか書いてあるものもある。
だがあくまでこれは城山の創作である。
落日燃ゆ
城山三郎
この場面の唯一の史料は花山信勝の『平和の発見』で、そこには「大きな、まるで割れるような聲《こえ》で一同は『天皇陛下萬歳』を三唱された」とある。
広田も万歳を三唱したのである。
巣鴨の生と死の記録
平和の発見
花山信勝
『落日燃ゆ』は完全な「司馬史観」※で、広田を軍の被害者として描いているので、自分を苦しめた軍人と一緒に殺されるのはまるで「漫才」だと「最後の痛烈な冗談」でマンザイ三唱したことにしているが、そんな薄っぺらい人物なら、東京裁判で軍が悪いと言ったはずであろう。
ではなぜ広田は「今、マンザイをやってたんでしょう」と言ったのか？
昔の博多弁は「バ」と「マ」が混じったという説もある。
だがそれよりも、広田は最後の最後まで平常心で、普段よくダジャレを言っていたのと全く同じように、こんな時にまで、何の意味もないダジャレを言ったと考えた方が自然ではないだろうか。
うまっ！
この馬肉、ウマか〜〜
しかし、死ぬ前にはあまり余計なことを言わん方がいい。どう深読みされるかわかったもんじゃない。

※司馬史観…作家・司馬遼太郎がエッセイ等で発表した近現代史観。日露戦争終結後から大東亜戦争終結までの40年間は「魔法にかかったように」駄目だった時代であり、「統帥権の独立」を盾に暴走した軍部が国を滅ぼしたと主張する。

後日、花山はA級受刑者たちに7人の処刑の様子を語った。

広田さんは禅宗、儒教は王陽明派の如《ごと》くただ黙々として死につかれました。

何ゆえの死刑か理解できないかのように、宗教に入り得ず、感謝なくして行きました。

これを聞いて重光葵は「広田の徹底した禅味は到底普通人には理解出来ぬ処《ところ》」と記した。

また「花山のようななまぐさ坊主に広田の心境が判るものか」と憤った者がいたという。

多分、佐藤賢了だろう。

佐藤は広田を形容して「深い淵は一寸覗いても底は解らない。三井寺《みいでら》の鐘は一寸撞《つ》いても本音は出ないから」と言った。

そして今も、広田という存在は、歴史の深い淵である。

第6章 いわゆる「A級戦犯」の肖像

いわゆる「A級戦犯」として起訴され、東京裁判の被告席についた人は28人に上る。中には、今では名前もほとんど知られていない人もいる。この章ではその一人ひとりの人物像に迫ってみよう。

処刑された軍人たち

東京裁判で絞首刑の判決を受けた7人のうち、
唯一の文官・広田弘毅以外の6人は全て陸軍大将と中将である。
まずはその軍人たち、東条英機以外の5人について。

板垣征四郎

いたがき・せいしろう／明治18（1885）—昭和23（1948）
陸軍大将／支那派遣軍総参謀長／陸軍大臣

板垣征四郎は、部下の石原莞爾《いしわらかんじ》と共に満州事変の立役者だった。指揮者・小沢征爾《おざわせいじ》の名が、小沢の父と親交のあったこの二人に因《ちな》んでいることはよく知られている。

板垣征四郎は幼少時からあまり勉強せず、成績はお世辞にも良いとは言えなかった。陸軍大学にも同期生より3年も遅く入学し、ビリに近い成績で卒業している。それでも本人は「陸大に入ったのも出世のためではない。支那問題で口のきける立場になるためだ」と、気にする様子もなかった。

板垣の性格は豪放、磊落《らいらく》、恬淡《てんたん》などと言われた。石原莞爾に言わせると「板垣さんの足に、もし、ブスッと、針をつき刺したとしたら、板垣さんは、一時間ばかりたってから、はじめてアッ痛いと気がつく人だよ」となる。

とにかく板垣は悠然とした人物だった。悠然としすぎと言うべきか、板垣には自分自身の思想も論理もなかった。だが部下を徹底的に信頼して仕事を任せ、決断と責任は自分が負う親分の器量があり、それは西郷隆盛にも匹敵すると言われるほどだった。このような親分の部下に、「天才」と言われながらその強烈な性格ゆえに、どこでも持て余された石原莞爾という異端児がいたことは、まさに天の配剤だった。

石原は、日本が日露戦争の尊い犠牲で正当な権益を得ながら、中国の違法なテロで在留邦人が危険にさらされている満州を、いっそ中国から分離してしまおうという、とてつもないプランを持っていた。普通なら止めるところだが、こんな考えに積極的に感化されてしまう器の大きさが板垣の真骨頂である。板垣は自ら承知で石原のロボット役を演じ、満州事変を起こしたのだった。

作戦自体は石原の企画立案だったが、これを実行して日本の国土面積の4倍もある満州全土を制圧するには、関東軍（満州駐留軍。「関東」は満州の別名）の全軍を動かさなければならない。それには板垣のさらに上司である関東軍司令官・本庄繁中将の命令が必要だった。あらかじめその了解は取ってあったが、日本政府から「事件不拡大」の命令が届いたため本庄は翻意し、発令を拒んだ。「たくわん石」というあだ名の本庄は頑として動かない。石原は天才ゆえの性癖からか、とにかく根気がなくてあきらめが早く、「オレはもうやめた！」と言い放って寝転んでしまった。

だが板垣は驚異的な粘りで本庄を説得し、ついに軍司令官命令を受け取る。そしてその後はやる気を取り戻した石原のプランどおりに事は進んでいった。

板垣がどうやって本庄を説得したかは伝わっていないが、東北人らしく訥弁《とつべん》で忍耐強かった板垣のことだから、本庄が根負けするまで黙って座り込んで睨《にら》みつけていたのではないかという説もある。ともかく、いかに天才・石原莞爾といえども、そこに板垣征四郎の存在がなければ満州事変、満州国建国の達成はできなかったことは確かだった。

その後も板垣は功績を重ね、陸軍大臣にまでなった。だが、有能な部下がいて初めて光る親分なのに、不幸にもそこには石原莞爾のような参謀がいなかった。次官は石原とは犬猿の仲の東条英機。うまくいくわけがなく、東条はわずか半年で辞任した。

自らのビジョンを持たない板垣は、陸相としてもやはり自ら陸軍の総意のロボットとして動くという存在で、三国同盟締結に向けて積極的に動いた。

終戦時、板垣は司令官としてシンガポールにいた。普段は部下に全ての仕事を任せる板垣だが、終戦処理には自ら率先して動いた。苦境の時こそ自分が前面に出て、全責任を負うという考えだった。

板垣はあえて自決せず、「A級戦犯」として東京裁判の法廷に立った。「陛下並びに国民に対し戦敗れたるは罪万死に値す。然《しか》れども満州問題が侵略即ち犯罪に非《あら》ざることを明らかにするは我が責任にして今日我が生存しある所以《ゆえん》なり」というのがその理由であり、板垣は国家と軍の弁護に徹した。軍に不利な証言を提出しないようにと広田弘毅に迫ったこともあったが、それも自分の罪を軽くするためではなく、自分への判決にはほとんど関心がないようだった。

証言台に立った板垣は、普段と打って変わった能弁で検事の尋問に対抗し、ひるんだ表情一つ見せなかった。

一方、石原莞爾は、自分は戦犯だ、逮捕しろと公言し続けていながら、「A級戦犯」には指名されなかった。連合国の検事が聴取に行くと、その度にコテンパンに論破されてしまうので、連合国の方で石原を避けたような形だった。「A級戦犯」になるもならぬも連合国の都合次第だったのだ。

板垣は死刑判決を受けたが、最後まで毅然とした態度を崩さなかった。

その後板垣が教誨師の花山信勝に書いた手紙には、石原が唱え、自らも信じた「世界最終戦」について書いてあった。

もし今後予言どおりに世界最終戦が起きれば、武力を失った日本としては迷惑千万だが、真の平和を得るためには忍ばねばならないだろう。そして世界平和が来て、世界国家的な機構が出来た時には日本もそれに協力せねばならない。そのために精神文化と科学を最高水準にしていかねばならぬ。日本の仏教はその場合、非常に重要となる。世界最終戦が終われば、結局、宗教にならねばならぬ……というような内容だった。

板垣は「夢かもしれませんがね」と言って笑った。

部下の放つ光によっていかようにも輝きを変える「鏡」と称された板垣征四郎だったが、人生の最後にあたって、本人としてはやはり石原莞爾の光を受けていた時が一番輝いていたという思いが強かったのであろう。

その盟友・石原莞爾は、末期癌の病床で板垣の死刑確定の報を聞いた。そして「石原も遠からず追い付くことと考えられますから、もし道のあやしいところがありましたらお待ちください。道案内は自信がありますから」と板垣に伝言した。

石原は板垣の死刑執行から8カ月後、奇《く》しくも終戦記念日にこの世を去った。

土肥原賢二

どいはら・けんじ／明治16（1883）—昭和23（1948）
陸軍大将／在満州特務機関長

中国謀略の専門家・土肥原賢二。欧米人は「東洋のローレンス」と呼び、中国人は発音が同じことから「土匪源」「土匪元」（「土匪」とは土着の匪賊）と呼んだ。だが彼を知る者の評価は全く違う。性格は温厚、寛容、無頓着なほど小事にこだわらず、私欲のないお人好《よ》しの好々爺《こうこうや》だったという。

土肥原は成績優秀で陸軍大学を卒業し、通算二十年余を中国で勤務。支那民族研究の第一人者で、中国語は日常の冗談事まで自在に話せるほど堪能、中国人の知己も多かった。

そんな土肥原が奉天特務機関長という、謀略担当の職務に回された。「謀略」といえば「大陸浪人」の豪傑や、腹黒い悪党を連想するが、土肥原はそれとは全く異なり、愚直なほどに現地の人々のためを考えていた。満州事変直後、現地が無政府状態となり、住民保護のために土肥原が臨時に1カ月ほど奉天市長を務めた時などは、市政運営の経費がなく、土肥原が個人名義で100万円の大金を借り入れて充当し、後にこの返済を巡って困窮したこともあった。

土肥原の周りにはいつも中国人が出入りし、土肥原は何でも相談に乗り、面倒をよく見ていた。しかし日本人の利権屋の出入りはなかったという。数々の謀略も、命令に従い、国策に沿って行ったのはもちろんだが、土肥原は同時にそれが中国人や満州人のためにもなると確信していたのだ。

土肥原が行った最大の工作が、清朝のラスト・エンペラー、溥儀《ふぎ》を天津から連れ出し、満州へ送ることだった。溥儀はそれまで日本軍の言う計画に半信半疑だったが、目の前に現れた土肥原の言葉を信用して決心したという。

その後土肥原は、満州と中国の間に緩衝地帯を置くため「土肥原・秦徳純協定」を結び、親日政権樹立工作を行った。

土肥原は、支那事変には宇都宮第14師団を率いて第一線に出動、その際「誠心を以《もっ》て中国民衆に臨め」「中国民衆から徴発するな、部落を焼くな、女を犯すな」の方針を末端の一兵まで徹底させた。あまりの規律の厳しさに下級将校まで不満を抱いたが、師団長自らが最低の野戦生活に甘んじていたため、規律を破る者はいなかった。その結果、他の部隊はいずれも激しい攻撃を受けたのに、土肥原部隊には逆に中国人避難民の列が数キロも後ろにつき従ったという。

土肥原の実像は当時の日本人にも知られず「謀略の将軍」というイメージだけがひとり歩きしていた。だが毒舌家の武藤章に言わせると「土肥原という人は、永く支那に関係した結果、支那人に多くの知友を持ち、支那語が上手と云《い》う以外に全くの鈍物である。然るに彼に『東洋のローレンス』などと云う名を与えた為に、大した怪物にして了《しま》った」という。結局、反日宣伝のためにつけられた「東洋のローレンス」「土匪源」といった異名が土肥原の命取りになったのだ。

戦後、土肥原の家に家宅捜索に来た米兵たちは「東洋のローレンス」の家の蔵には中国から持ち帰った財宝・珍品が山を成しているだろうと楽しみにしていた。だが土肥原には蔵どころか持ち家すらなく、米兵は小さな二間ほどの借家に、家族が極貧の生活をしているのを見て驚いた。

東京裁判で土肥原は一切沈黙を貫いた。それが弁護人の方針だったが、本人はむしろ一種の諦観をもって、一切弁明せず、天命に任せるという心境だったのではないだろうか。

土肥原は特務機関長時代、「謀略はテクニックではなく、それはすべて『誠』の心で事にあたるべきである。小手先で相手を牛耳り、圧迫するのではなく徹頭徹尾『誠』をもって赤心を人の腹中に置けば、結局は人と人とのつながりで、わが意は相手の心底に響き、通じるものである」と言っていた。それはあまりに無邪気で甘い認識にすぎなかったのだろうか。

木村兵太郎

きむら・へいたろう／明治21（1888）—昭和23（1948）
陸軍大将／陸軍次官／ビルマ派遣軍司令官

死刑になった「A級戦犯」7人のうち、木村兵太郎の名は、当時も今も最も無名である。木村夫人も新聞記者など周囲に「木村は絶対大丈夫だ」と言われて安心し、他の被告家族に順番を譲ってなかなか面会に現れず、判決前日の面会にも子供たちを連れて来なかった。その時木村は「お前はこの裁判をどう考えているのだ。はじめから結論はついている裁判なんだ。そんな甘いもんじゃない」と怒鳴り、「判決後には会いたくないと思っている」と言った。そしてその翌日の判決は「死刑」だった。

木村の経歴で目立つのは、大東亜戦争開戦時に東条陸相の下で陸軍次官を務めていたことくらいである。そのポストにしても、前任の阿南惟幾《あなみこれちか》が、東条の狭量に愛想をつかして自ら転出していった後、東条の意のままになる人物ということで選ばれたのだ。しかも、大臣・次官に次ぐナンバー3である軍務局長には切れ者の武藤章がおり、陸軍省は東条・武藤のコンビで動かされていたため、木村次官はほとんど目立たず、お飾りのような存在だった。

木村は次官辞任後、ビルマ方面軍司令官として終戦を迎え、木村の「罪状」には、ビルマでの「捕虜虐待」も加えられていた。いかに勝者の勝手な裁きといえども、「平和に対する罪」という事後法だけでは死刑判決は下せず、死刑にされた7人は全員、「捕虜虐待」など通常の戦争犯罪を無理やり加えてあった。だが、本当に「捕虜虐待」があったのなら、実行者である部下も裁かれるはずだが、それは一切問われなかった。刑を重くするためだけの「罪状」だったのだ。

木村には当時20歳の娘と18歳の息子がいた。死刑判決の後、息子が送った手紙には「父上は軍人として一生を祖国に捧げられ、そして私はこの世に、或《ある》いは偶然に又或いは一つの必然性のうちに父上の子として生をうけたのであり、而《しか》もそれを無上の幸福と考えて居《お》ります」という思いが綴られ、さらにこう書かれていた。

「昨日母上突然帰宅されました。母上もおやつれになってお気の毒です。御覚悟の上でしょうが、少し周囲の楽観が結果に対する衝撃を大きくしたのではないでしょうか。先日かくあるべきことを慮《おもんばか》って母上に申し上げたのでしたが、不幸にしてその言が本当になろうとは。

最後の面会の件、父上からお断りのようですが、後々思いのこり多いことは苦になりますし、一度お会いしたく思います」

木村はこの手紙に涙し、その翌日家族は面会を果たした。

数日後、クリスチャンである木村の娘は教誨師の花山信勝に「私がキリスト教を信じているために、お父さんが仏教で往《ゆ》かれる気持ちから、気兼ねでもしてお言葉を遺《のこ》されないのではないかと気遣っていますが、その点は、どうかご遠慮なしにお教えを遺していただきたい」と言付けを頼んだ。

そして木村は、このような遺言を娘に遺した。

「……いつまでもあると思うな親と金、ないと思うな運と災難。百合子は朗らかな美しい笑の中心として常に家の中を、まず朝起きてから一番はじめに直《ただ》ちに春風を吹かせ、一同を朗らかにしてくれ。愛は万事に勝つ、敬は秩序を保つ、礼は世界を飾る花輪なり。信は力なり。ものは貧しくとも、常に心を豊にせよ。愚痴は曇る、感謝は晴れる。何事も心の持ちよう一つ。心こそ一番大事である。国の礎《いしずえ》は家、家の礎は女である。家を整うるには、針箱の整理から始めて、家内中を整頓する、そして家事万端に。かくして心の整理ができて、清い生活ができる……」

実直で生涯目立つこともなかった古いタイプの軍人らしく、ひたすら実直な生活信条を遺して逝ったのだった。

武藤章

むとう・あきら／明治25（1892）—昭和23（1948）
陸軍中将／陸軍省軍務局長

武藤章は当時の陸軍軍人には珍しい欧米型の合理主義者で、他人の評価を気にせず、誰にでもズケズケ毒舌を吐いた。部下の機嫌も取らないので子分もなく、友人も少ない。そもそも徒党を組み、派閥に頼るような人間を軽蔑しており、どんな派閥にも関わらず、孤高を保つ異色の存在だった。

武藤は2・26事件の処理で頭角を現した。軍の上層部が有効な対応をできない中、武藤は石原莞爾と組んで「断固討伐」の方針を堅持。事件後は粛軍の徹底を推進した。

2・26事件の後に広田弘毅内閣が発足する際、武藤は入閣予定者の人事まで強硬に干渉した。後に武藤が友人に語ったところによると、実はこの時、軍では文民の広田を首相とする内閣自体に反対し、軍政府を樹立すべしという要求が非常に強かったという。武藤は強硬派の将校たちを命がけで説得したが、広田の組閣方針では軍政府樹立論を抑えきれないため、思いつめた気持ちを率直に広田に伝えただけだというのだ。だが武藤は批判に対して一切弁解しなかったため、今も政治に干渉した横暴な軍人として歴史に刻まれている。

その後、武藤は石原莞爾の抜擢で栄転するが、間もなく支那事変が起き、意見が石原と真っ向から対立する。石原は不拡大方針、武藤は拡大方針だった。二人とも傲岸不遜な自信家で、他人に譲るところが全くない性格だから、一度対立するとどうしようもない。二人の論争は激烈を極めたが、決着がつかないまま、二人とも国外に転出していった。

武藤は2年間支那戦線に勤務した後、陸軍省軍務局長に着任するが、その時すでにアメリカは日米通商条約の破棄を通告し、次いで鉄、鋼鉄等の禁輸を発令していた。

そんな中、陸軍大臣に東条英機が就任。それまで東条は武藤を重用したこともなく、私的な付き合いもなかったが、東条はこの難局に際し、武藤の周囲に影響されない強い意志と確かな手腕を高く買った。武藤は「日米戦争は日本の自殺行為」と、陸軍で最も対米交渉に積極的で、外務省の交渉案に強硬に反対する参謀本部を必死に説得した。世論は「戦争すべし」で興奮しきっている。武藤にはすでに憲兵の護衛がついていたが、これで交渉が成立して戦争回避となれば、自分は死ぬしかないと覚悟していたという。

だがアメリカの回答は有無を言わさぬ「ハルノート」だった。アメリカは始めから交渉する気がなかったのか。「米国に一杯喰わされた感じがしてならない」と武藤は手記に記した。

その後武藤はスマトラ駐留の近衛師団長に就任、フィリピンで終戦を迎え、「A級戦犯」として東京に送られた。

東京裁判では、検察側の証人に立った田中隆吉少将が特に武藤を標的に、あることないこと証言した。武藤が軍務局長の時、田中は武藤の地位を狙って策謀し、失敗して逆に自分が休職にされたことがあり、それを片恨みしていた。田中は進駐軍に取り入って東京裁判に出廷し、終戦直後の物資不足の時期に豊富に食糧を支給され、愛人と同居するための住居まで与えられていた。武藤は証言台で田中証言に真っ向から反論したが、判決は死刑だった。「田中隆吉に殺された」と憤慨する者も多かった。

判決後の面会で、武藤は妻と一人娘に言った。

「二人とも勇気を失わずに暮らしなさい。千代子は早晩結婚せねばならぬが、お前の自由を拘束する考えは毛頭ない。だが、できるならお母さんを大事にしてくれる、人情のある男だと結構だと思う。例えば検事だとか、裁判官だとかは避けるがよいと思う。今度の経験で彼等は人間の屑だということがわかった」

検事や裁判官は人間の屑、というあたりが、いかにも武藤らしい暴言だった。

松井石根

まつい・いわね／明治11（1878）—昭和23（1948）
陸軍大将／上海派遣軍司令官

松井石根は日露戦争に中隊長で参戦した後、陸軍大学に進み首席で卒業。通例では欧米駐在武官になるところだが、松井は根っからの日中友好論者で、自ら中国を志望した。

軍内部の「下克上」の風潮が強まる中、軍紀粛正を唱え、軍内部の派閥抗争や軍人の政治関与を戒める松井は、一世代下の青年将校からは古臭いおやじとして嫌われ、敬遠された。派閥抗争の激化はついに永田少将刺殺事件まで引き起こし、松井は軍長老として責任を取って一旦現役を退く。

だが支那事変の勃発で松井は現役に戻され、上海派遣軍司令官となり上海・南京を陥落させた。南京戦の戦死者慰霊祭では日中の戦死者を共に慰霊しようと提言したが、実現できなかった。そこで帰国後、日中の戦死者を共に祀《まつ》る「興亜観音」を建立《こんりゅう》。近くの山麓に庵《いおり》を建てて住み、毎朝観音経をあげて菩提を弔い、隠棲生活を続けた。

そんな老将軍が、「A級戦犯」として逮捕された。その罪状の名は「南京暴虐事件」。俗に言う「南京大虐殺」である。

現在中国は犠牲者数を30万人と主張するが、日本でこの数字を信じている人はまずいない。30万人といえば原爆2個分である。しかも、当時の南京の人口は20万人だったのだ。

では実情はどうだったのか。真相に迫るには、東京裁判でどんな立証がされたか検証すればよい。出廷した証人9名、宣誓供述書や陳述書による証言17名、その他の文書11通、以上合計37の証言・文書が、検察が提出した全証拠である。

ところがこれらの「証拠」は怪しいものばかりである。証言は裏づけのない伝聞が多数。体験談も、数万規模の虐殺が行われたはずなのに、同一現場からの複数の証言が一組もなく、なぜかほとんどの殺戮《さつりく》事件で、常にたった一人の人間だけが、妙に似たような方法で生き残り、証言している。

だが東京裁判では証言の真偽に関する検証は一切行われていない。そもそも東京裁判には「偽証罪」がなかった。中世の魔女狩り裁判と同じだったのである。

検察は冒頭陳述で「組織的・計画的犯行」と主張したが、その証拠はついに提出できなかった。つまり仮に南京で虐殺があったとしても、それはアウシュビッツや広島・長崎とは全く性格が違う、個人的・暴発的犯行に留《とど》まるのである。

とにかく検察は物的証拠を一点も提出していない。写真一枚すらない。裏付けの取れない証言と、作成者のわからない資料。それが証拠の全てだった。つまり、南京で虐殺があったと確かに立証しうる証拠は、何も提示されていないのだ。

ところが、松井は南京の暴行事件を完全には否定せず、「興奮した一部若年将兵の間に忌むべき暴行を行った者があったらしく」と、一部を認めた。ただしそれはどこの占領地でも起こる軍紀違反の犯罪のことであり、検察が主張する「大虐殺」までは決して認めていなかった。それでも松井が認めた少数の「暴行事件」と検察の言う「大虐殺」の区別はよく伝わらず、反証が弱いという印象を与えてしまった。

判決は弁護側の証拠のほとんどを却下し、検察側の証拠はほぼ全て採用し、指揮官の松井に虐殺を止める有効な対策を命じなかった「不作為責任」があるとして死刑を言い渡した。

松井は最後まで、自分がナチスに匹敵する「人道に対する罪」を被《き》せられたとは思っておらず、ただ明治の日本軍を知る古い軍人として、僅《わず》かな軍紀の弛《ゆる》みも許しがたく、痛恨の一大事と認識していたのだ。だがその潔癖さがかえって誤解を生み、「大虐殺」を認めたかのように思われてしまった。

松井は生涯を日中友好のために尽くした人物であり、その礎石となるべく、従容《しょうよう》として死についた。それなのに、その御霊《みたま》が靖國神社に祀られていることを、中国が日本攻撃の道具に使うとは、何たる無情、何たる皮肉であろう……。

昭和27(1952)年に成立した「戦傷病者戦没者遺族等援護法」により戦争裁判による死亡者や拘禁中の傷病者は一般の戦没者、戦傷病者と同様の扱いを受けることが決まった。

そして翌年改正された遺族援護法では、旧敵国の軍事裁判で有罪とされた人は日本の国内法では罪人とはみなさないという判断基準が明確に示された。これにより「A級」も「BC級」もなく、日本から「戦犯」は消滅したのである。

現在言われている「A級戦犯」とは国内法から見ても国際法から見ても、犯罪者でも何でもない。犯罪者でもないのに敵国の違法な裁判で死刑になったのだから、これは戦死と全く同じであり、靖國神社に祀られることは当然なのである。

獄死した人々

靖國神社に合祀されているいわゆる「A級戦犯」は14柱。
絞首刑に処された7人の他に、もう7人いる。
裁判中や、裁判後の拘禁中に獄死した人々である。

松岡洋右

まつおか・ようすけ／明治13（1880）―昭和21（1946）
外務大臣

松岡洋右は少年期にアメリカに渡って苦学し、帰国後外交官になり、満州鉄道副総裁を経て衆議院議員となった。アメリカで人種差別も受けた経験から、誰が相手であろうと常に強気で対等に臨むことを信条とし、国会では幣原《しではら》外相の「協調外交」を厳しく批判して国民の喝采を浴びた。

満州国建国の承認を巡る国際連盟臨時総会に首席全権として出席した松岡は、得意の英語を駆使し無原稿で1時間20分にわたる大演説を行い、その堂々たる主張に国民は溜飲を下げた。だがそれは「日本は今、イエスと同じように無理解な者たちによって十字架にかけられようとしている」という内容で、欧米にとっては異教徒が自分をキリストに喩《たと》えるなど不愉快でしかなく、その饒舌《じょうぜつ》はかえって逆効果だった。

日本を不当とする決議は42対1、棄権1で可決され、松岡はまだ閉会が宣言されぬうちに退場した。松岡自身は絶対に脱退しないつもりで出席していたので、本当は「失敗」だったのだが、各国代表があっけにとられる中を代表団が列をなして引き揚げる様は、国内向けのパフォーマンスとしては最高にドラマティックで、松岡は国民的英雄となり、帰国時は凱旋将軍のように迎えられた。

ポピュリストで野心家の松岡はこの人気を利用して政治活動を展開するが、人気は長続きしなかった。

松岡は満鉄総裁に就任して日本を離れるが、その頃日ソ間の緊張が高まり、同様にソ連と敵対するドイツと同盟すべきという構想が芽生えた。松岡もドイツと「結婚」だとまで言って熱烈に日独提携を主張したが、ドイツがソ連と不可侵条約を結ぶという裏切り行為が起きて、怒り心頭となった。

だが第二次大戦でドイツが快進撃を始めると、一時は影を潜めていた日独同盟論が国民的熱狂をもって復活。松岡も再び日独同盟を熱烈に唱える。そんな中、以前から交流があり日独同盟論でも同意見だった近衛文麿が首相となり、松岡は外務大臣に就任。日独伊三国同盟締結に向けて猛進した。

すでに日米関係は悪化の一途をたどっていた。三国同盟を結べば、イギリスはもちろんアメリカとも完全に敵対関係となりかねない。しかし松岡は、三国同盟にソ連も加えて四国同盟とすれば、アメリカが相手でも手を出せないと考えていた。アメリカも手をあくまで強気で、対等に臨む。若い頃からの信念は変わらず、一人で決断、交渉して三国同盟を締結した。

これに対してアメリカは厳しい経済制裁に出るが、松岡は日ソ同盟を結び、四国同盟を実現させることに賭けていた。松岡は自らモスクワに乗り込み、日ソ中立条約を締結。モスクワ駅のプラットフォームまで見送りに来たスターリンと抱擁する松岡は得意の絶頂で、次は首相の座を狙っていた。

ところが、この松岡の留守中、近衛首相の了承の下、非公式の日米交渉が始まっていた。帰国した松岡は、自分が知らないところで勝手に外交が行われていることに激怒するが、間もなく、今度はドイツがソ連と戦争を始め、四国同盟構想は破綻。松岡は自分が中立条約を結んできたばかりなのに「ソ連を攻撃しろ」と言い出し、周囲を唖然とさせる。結局、第二次近衛内閣総辞職、外相だけ代えて第三次近衛内閣発足という形で松岡は内閣を追い出された。

その後肺結核を発病した松岡は、病床で日米開戦の報を聞き「三国同盟は僕一生の不覚だった」「死んでも死にきれない。陛下に対し奉り、大和民族八千万同胞に対し何ともお詫びの仕様がない」と涙した。

4年間ほぼ寝たきりで敗戦を迎えた重病人を、連合国は法廷に引っ張り出した。松岡は病篤《あつ》い体ながら「俺もいよいよ男になった」と言い放って拘置所に向かったが、開廷後2カ月足らずで息を引き取った。

東郷茂徳

とうごう・しげのり／明治15（1882）—昭和25（1950）

駐独、駐ソ大使／外務大臣

東郷茂徳は豊臣秀吉の朝鮮出兵で日本に連れて来られ、江戸時代には島津藩から優遇されていた陶工の末裔《まつえい》だった。当然日本人であるという意識だったにもかかわらず、明治維新以降一族は差別を受けるようになり、東郷は故郷を離れた。そして文学で身を立てようとしたが挫折し、一から勉強し直して31歳で外務省試験に合格、外交官となった。

東郷はノモンハン事件の停戦交渉を有利に進め、軍にも評判がよかったことから東条内閣で外務大臣となる。日米関係が進退窮まる中、戦争回避に全力を挙げ、譲歩しすぎだと反対する軍をねばり強く説得、苦労に苦労を重ね、最大限度の譲歩案である「甲案」と、これでも妥結しない場合の暫定案「乙案」をとりまとめた。

ところがこれをアメリカは一顧だにせず、「ハルノート」を突きつけた。東郷はそれを見た途端「眼も暗むばかり失望に撃たれた」という。最後まで戦争を回避しようとした東郷が見ても、それは戦争以外の選択肢を与えないものだった。

東郷は昭和20年4月、鈴木貫太郎内閣で再び外相に就任した。もはや敗戦は免れず、ほとんど終戦工作だけを目的に就任したのだった。

ポツダム宣言が示した「降伏条件」には天皇の扱いなど不明な点があり、なお受諾に向け検討の必要があった。ところがその間に広島・長崎に原爆が投下され、ソ連が宣戦を布告した。アメリカは原爆を投下する前に日本を降伏させないように、わざと天皇の扱いをあいまいにしたのである。

東郷は、ポツダム宣言受諾のために日本側から申し入れる条件は「皇室の御安泰」のみにすべきと提案するが、陸軍は武装解除を自ら行うなどの条件もつけるべきと主張。結論は出ず、天皇のご聖断を仰いだ結果、東郷の案が認められた。

その申し入れに対するアメリカの回答は、一応天皇の地位は守られると解釈できる内容だったが、天皇が連合国最高司令官の権限に従属すること、そして日本政府の形態を日本国民の意思により決定すること、という項目があった。これには陸軍だけではなく、閣僚からも戦争継続を主張する意見が出た。「国民の意思」は「共産革命」を選んでしまうことだってあるのだから、この反対も根拠のないことではない。受諾反対の意見は猛烈を極め、クーデター計画も噂され、東郷は神経をすり減らした。結局は二度目のご聖断を仰ぐこととなり、ポツダム宣言の受諾が決まった。

その後、東郷は「A級戦犯」として東京裁判に臨むが、その主張は他の被告を困惑させた。あまりに自分の立場だけを正当化していると見えたのである。

東郷は自ら証言台に立ち、軍部はもちろん、木戸幸一内大臣まで攻撃した。天皇が木戸に「戦争終結を早くせよ」と言ったのに、木戸はそれを自分に伝えなかったなどとして非難したのである。木戸の弁護人、ローガンが尋問しても攻撃は止《と》まらず、ローガンが慌てて「あなたは木戸を好かないのでしょう」と言う一幕もあった。

また、真珠湾攻撃の際、海軍は無通告で攻撃しようとしたことを強調、露骨に軍に責任をなすりつけようとしていると反感を呼んだ。

東郷の判決は禁固20年。東郷は終戦時の過労で狭心症の発作を起こすようになっていたが、その身を削るようにして回想録の執筆に着手した。『時代の一面』と題されたその手記は、自分の外務省入省以来の職務の内容を周到に書き連ねてあり、強い自己主張に貫かれ、鬼気迫るものがあった。

東郷は総計約31万字にも上る回想録をたった2カ月で書き上げた。一人娘にその原稿を託したが、その感想を聞くこともないまま、狭心症で息を引き取った。

白鳥敏夫

しらとり・としお／明治20（1887）―昭和24（1949）

駐伊大使

外交官の白鳥敏夫は、当時の外務省でも異色の存在だった。

白鳥は民族主義を背景に国家の新体制構築を目指す「革新官僚」の代表格で、早くから軍部や大川周明などの革新派と関係を持ち、支那大陸における日本の地位確保と英米に対する強硬外交を主張していた。

満州事変の後も、軍と共に国際連盟脱退を強く主張、英米に対して挑発的な発言も辞さず、満州国が建国されたばかりの頃、外国人記者に「日本国はいつ満州国を正式承認するか？」と質問され、「日本は急ぎはしない。建設すべき運河をそこに持たないから」と答えた。当時、アメリカがパナマ運河を建設するためパナマに傀儡《かいらい》政権を作り、直ちに承認したばかりだったことに対する皮肉である。

リットン調査団が作成した報告書は、満州事変を正当な自衛手段とは認めず、満州国の成立も純粋に自発的な独立運動の結果ではないと断定していたが、満州の特殊事情を考慮し、単に満州事変以前の状態に復帰させることは現実の事態を無視するとして、満州国に代わる自治地方政府の設置を提案しており、全体としてかなり日本に好意的な内容だった。

ところが、当時外務省情報部長だった白鳥は、このリットン報告書を到底受け容れがたいものだという印象にして発表し、国民世論を誘導。首相書記官長の森恪《つとむ》と組んで犬養首相に国際連盟脱退を迫るなど、脱退実現にむけて奔走した。そのため、もともと脱退しない方針で総会に向かった松岡洋右が、国際連盟脱退の英雄になったのは心外だと言った。

以後も「皇道精神」などを提唱して「型破り」と言われたが、そのためにスカンジナビア四国公使としてストックホルムに3年飛ばされ、帰国後も2年間何の任務も与えられなかった。しかしその間も日独伊連携強化を最優先とする「枢軸派」の若手外務官僚の間では白鳥擁立運動があり、白鳥を外相にせよという連判状には約50名もの外務省事務官の署名が集まった。

白鳥は近衛首相の推薦で駐イタリア大使となる。近衛は白鳥に「ローマに行ったら、ベルリンの大島と協力して内地の空気をぐいぐいと引っ張ってもらいたい」と送り出した。

駐ドイツ大使の大島浩は政府訓令を無視してまで三国同盟締結のために猛進し、白鳥も大島と共に同盟締結に尽力する。ただ、ドイツに心酔していた大島とは違って白鳥はイタリアには特に何の興味もなく、三国同盟はあくまで米英に対抗する手段と考えていたようだ。

ナチス・ドイツのリッベントロップ外相は、「日本との同盟締結があまり難航するなら、ソ連と不可侵条約を結ばざるをえまい」と恫喝《どうかつ》した。これを聞いて白鳥は「独ソ接近の可能性がある」と再三東京に打電するが、ドイツを信じきっている大島はリッベントロップの発言を「冗談」と思い込み、日本政府も白鳥の報告を相手にしなかった。だが結局、独ソ不可侵条約が締結されて三国同盟締結はご破算となり、白鳥は大使を辞任した。

その後、松岡洋右が外相になると白鳥は外交顧問の肩書きを得て、再び三国同盟締結に関わる立場となる。ただし、この時は松岡が一人で交渉に当たり、功罪いずれも何人《なんぴと》とも分かつまいという方針だったため、特に積極的な役割を果たすこともなかった。戦時中はいわゆる「翼賛選挙」で衆議院議員となり、翼賛政治会理事などを務めている。

白鳥は東京裁判公判中喉頭癌で危篤と報じられたが、手術を受け、自ら証言台に立った。そして三国同盟は国際的孤立を避け、英米に対抗するためのものだったと証言した。

白鳥は再入院して欠席のまま終身禁固刑の判決を受け、4カ月後に死去した。

永野修身

ながの・おさみ／明治13（1880）—昭和22（1947）
海軍元帥／軍令部総長

永野修身は土佐出身、「象」「巨砲」と言われた魁偉《かいい》な風貌と、見た目どおりの豪放磊落な性格の持ち主だった。子供の頃から海軍大将になると口癖のように言っていたが、若い頃は清水の次郎長の幹部になりたいとも思ったという。

永野は海軍兵学校からエリート中のエリートの道を歩み、勇猛な戦略戦術の天才を自任していた。一方、重要会議などでいつも居眠りすることでも有名で、「居眠り大将」とか「グッタリ大将」と呼ぶ者もいた。

昭和5（1930）年に結ばれたロンドン海軍軍縮条約は、英米に対して日本の軍事力だけを押さえつけるものだとの批判が強く、満州事変以降、協調外交の破綻とともに日本は条約を離脱した。この時、全権として派遣された永野は「俺は外国語は拙《つたな》いし、この面《つら》もまずいし、毛唐の奴にお世辞など言えるかい」と言いつつ英米を相手に堂々と日本の立場を主張して帰国、直後に広田内閣の海軍大臣となった。その後、連合艦隊司令長官を経て、日米開戦の年、軍令部総長となる。

永野は駐米武官も務め、日米の国力差は百も承知だったが、その上で最も強硬に開戦を主張した。永野は早くから日米戦は宿命的に不可避と考えていた。アメリカは建艦に全力を投入し始めており、時間が経《た》てば経つほど状況は不利になる。戦うならなるべく早く攻撃して機先を制し、死中に活を求めるしかないという考えだった。それでも戦備は最大でもアメリカの75％しかなく、天皇の「絶対に勝つといえるか」との問いに対しても「必ず勝つとは奉答しかねますが、全力を尽くして邁進《まいしん》するほかはありません」としか言えない、苦しい立場だった。日米不戦論者の山本五十六《いそろく》大将は「天才でもないのに、自分を戦略戦術の天才だと思っている男が総長になったのでは、もう戦争は始まったと同然だ」と非難したが、実際は永野の見通しが正しかったと言えよう。どう交渉しようと日米開戦は不可避だったのだから。

敗戦後、永野は自決を覚悟して身辺整理を終え、遺書も書き上げた。だが海兵の同窓生から「責任者がこんなにどんどん死んでいって誰が陛下を戦犯からお護《まも》り申し上げるのか。貴様は死ぬな。辛いだろうが生きていろ」と諭《さと》され、「A級戦犯」として東京裁判に臨んだ。

永野は真珠湾攻撃の発令者として死刑は免れないと見られていたが、動じることもなく外国人記者の質問や巣鴨での尋問にも「真珠湾攻撃は軍事的には大成功であった」「真珠湾攻撃の命令発出は全く自分の責任であって他に責任者はいない」「裁判所が真珠湾攻撃の責任者を探すのに手数をかける必要は何もない」といった発言を繰り返した。被告席でもその堂々たる風貌を動かさず、堂々と居眠りしていた。

永野は自分に対する判決には一切関心がなく、ただ日本の立場を弁明する場が来るのを待っていたのである。だが、その日はついに来なかった。

当初、巣鴨プリズンの環境は劣悪そのものだった。永野の部屋の窓は大破しており、修繕を要請してもそのままにされ、寒風が吹き込んでいた。心臓が弱かった永野は急性肺炎を起こし、入院してわずか3日で急死した。弁護人たちは「虐待死」だと憤った。

永野には24歳年下の妻がいたが、「絞首刑になるよりは病死の方が気が楽だったのでは」と慰められるたび、涙を流さんばかりに怒った。海軍の名誉を守るために戦犯の汚名に耐えてきたのに、その志を遂げることもできず、これほど残酷な死はないというのだ。若くとも毅然とした武人の妻だった。

永野夫人は、混乱の中で永野の遺品を入れた鞄を盗まれてしまい、それを強く気に病んだ。それが原因となったのか、その年脳出血で倒れ、1年後に世を去った。

梅津美治郎

うめづ・よしじろう／明治15（1882）—昭和24（1949）
陸軍大将／関東軍司令官／参謀総長

梅津美治郎は「無言の将軍」と言われた。

陸軍大学をトップで卒業した秀才で、陸軍屈指の逸材でありながら、軍人が派閥抗争を続け、政治を掌握した時代に対し、常に超然とし続けた。

梅津は几帳面な性格だったにもかかわらず、日記も手記も全く書かず、メモも取らず、詩や歌も詠《よ》まず、揮毫《きごう》を頼まれても「軍司令官は文字を書くために存在せず」と断った。

荒木貞夫大将はこう回想している。

「わたしが陸軍大臣のとき、梅津は参謀本部総務部長だった。その頃のある日、わたしは梅津の部屋に入ったことがあった。そのとき彼の机の上には紙一枚はおろか、何ひとつおかれておらず、その机を前に、じっと目を閉じて坐っている梅津を見たときは不気味ですらあった」

梅津はまさに、不気味とさえ思われるほどの、徹底的な合理主義者だった。一切の記録を残さなかったのは、軍人として秘密を保持するためだったとも言われている。

梅津は軍人の任務を全うすることだけを考えていた。軍人の政治介入を嫌い、いかなる派閥抗争からも距離をおいたのもそのためで、その点では明治の古いタイプの軍人と言えるが、一方では海外生活が長かったためか、昔の軍人らしい豪放磊落さはなく、親分子分の人間関係を持たず、誰にも自分をさらけ出さない、西欧的な合理的・近代的軍人でもあった。

梅津は中央の要職にあった軍人としては、全く異質な孤高の存在だった。時に優柔不断と言われるほど慎重で、一般受けするような行動もとらないため、閉鎖的で冷たいスタイリストと見られ、生涯派手な舞台とは無縁だった。

昭和9(1934)年、梅津は支那駐屯軍司令官として天津に赴任。中国に対しては穏健な考えで、現地在住の邦人に「満州事変以来日本の対外関係は険悪となり、華北に対する日本の態度は世界注視の的となりました。故にわれわれは慎重のうえにも慎重の態度を採らなければなりません。私の在任は一年か二年かわからぬが、その間梅津は馬鹿だと言われた方が、中国に対し事を構えるよりは好むところである。このこと了承し、君も同じ意味で馬鹿であって欲しい」と言った。

だが華北では反日テロが相次いだため、酒井隆中将に国民党軍事委員会の何応欽《かおうきん》と交渉させて「梅津・何応欽協定」を締結、華北省から国民党軍と排日機関を撤退させた。

梅津は有能な官吏型軍人だった。しかし、梅津が手腕を発揮するために割り振られる任務は、大抵の場合は「後始末」だった。2・26事件の後始末では粛軍の先頭に立ち、ノモンハン事件の後始末では関東軍司令官に任命されて対ソ戦略を担当し、大東亜戦争の終末期には東条が兼任していた陸軍参謀総長の職を引き継いだ。

そして最大の「後始末」は、戦艦ミズーリで外務省代表の重光葵と共に、大本営代表として「降伏文書」に調印することだった。梅津は当初この不名誉な仕事を拒否し、「自殺を自分に強制するようなものだ」とまで言ったが、天皇直々《じきじき》の説得で引き受けたのだった。

梅津は軍人の中では最も「戦犯」とは縁遠いと思われていたが、東京裁判開廷直前に「A級戦犯」にされた。関東軍司令官時代の梅津に押さえ込まれていたソ連が、その仕返しにごり押しで入れたのである。

梅津は証言台にも立たず、沈黙を守った。公判中から直腸癌が進行して出廷できなくなり、判決も欠席したまま「終身禁固刑」を言い渡された。そして、東条ら7人が処刑されてからわずか16日後、ひっそりと息を引き取った。

遺書もなく、ただ病床から「幽窓無暦日」と書いた紙片が発見されたのみだった。

小磯国昭

こいそ・くにあき／明治13（1880）—昭和25（1950）

陸軍大将／朝鮮総督／拓務大臣／総理大臣

戦争末期、東条英機の後任首相を務めた小磯国昭は、朝鮮総督時代「朝鮮の虎」と呼ばれた。当人曰《いわ》く「歴代総督のうち、ご覧のとおり私が一番の醜男だ。この顔がトラに似ているためではないか」ということである。

小磯は旧士族の警察官僚の家に生まれた。母親は美人で、小磯も中学の初年級頃は美少年だったとかで、当時の同級生には後に「誰かと思ったよ」と言われたという。

中学卒業時、進路を決めるに当たり「強ひて挙げれば幼少の時分から兵隊が好きであつたし、幸に身体も強健軽捷である。学科は特に秀でたものも持たないが、人の間に伍《ご》して行く丈《だけ》の才能は授かつてゐる」という理由で陸軍士官候補生となる。この自己分析は正確で、小磯は決して優等な成績を収めることも、目立った手柄を立てることもなかったが、かといって大過もなく、要領よくそれなりの成果を収めるという術《すべ》を持っており、順当に出世していった。

小磯が最も手腕を発揮したのは、軍の編成や動員計画、資源確保の立案や運営といった官僚的事務だった。先見の明もあり、すでに大正時代に将来は制空権の確保が戦いの第一条件になると考え、空軍を陸海軍から独立させるよう提案したが、その意見は受け容れられなかった。当時は軍縮時代であり、小磯が連隊長を務めた連隊もそのあおりで廃隊の憂き目に遭っている。

小磯は宇垣一成陸相の下で整備局長をしていたが、そこへ思想家の大川周明が訪ねてきた。大川は橋本欣五郎陸軍大佐らと共に宇垣を担いでクーデターを起こそうとしており、宇垣への取り次ぎを頼んできたのである。小磯は一旦計画に乗りかけるが結局は実行阻止に回り、事件は未遂に終わる。いわゆる「三月事件」である。

小磯は軍務局長、陸軍次官と昇格。だが満州事変、5・15事件を経て陸相に「皇道派」の代表格の荒木貞夫が就任して露骨な派閥人事を始めると、「統制派」に近かった小磯は軍中枢部を追われ、関東軍参謀長として満州に飛ばされた。そのまま現役を退かされるのは確実と見られていたが、荒木陸相の病気辞任を機に皇道派の勢いが弱まり、広島第5師団長、朝鮮軍司令官となり、大将まで昇進した。

小磯は現役を退いた後は平沼内閣、米内《よない》内閣で拓務大臣に就任。拓務省とは朝鮮・台湾など外地管理が仕事で、小磯は東南アジア地域の資源開発構想に取り組んだ。

大東亜戦争開戦翌年には朝鮮総督に就任。かねてから「内鮮一如」が持論だった小磯は朝鮮人に参政権を与えるよう具申を行った。しかしその間にも戦局はどんどん悪化していく。そして小磯は東条の後継首相に選ばれて内地に帰還した。

ところが小磯が選ばれたのも、適任者がなく「消去法」で選ばれたような状態で、積極的に小磯を適任と推した者は一人もなく、どう見ても小粒の小磯に不信感を持つ者の方が多かったため、首相は一応小磯だが、海軍大将米内光政との連立というよくわからない変則内閣になった。

小磯はインドネシア独立を承認、戦局打開にも意欲を燃やすが、最後まで指導力は発揮できず、正確な戦況すら知らされなかった。そこで現役復帰して自ら陸相を兼任しようとしたが、杉山陸相の反対で阻止された。また、繆斌《ミョウヒン》という男を仲介に重慶政権との和平を図ったが、これも重光葵外相の猛反対で中止。内閣はわずか8カ月で総辞職となる。

こんな実情でも、判決は終身禁固刑だった。服役中、パール判決書の紙の裏を使って手記を書くが、小磯の記憶力は驚異的で、資料も記録もない獄中で日常の細かいことまで綴り、87万字という膨大なものになった。

小磯はその手記を書き終えた翌年、拘置所内にて食道癌で死去した。

平沼騏一郎

ひらぬま・きいちろう／慶応3（1867）—昭和27（1952）
総理大臣／枢密院議長／国本社会長

平沼騏一郎は明治維新の前年、津山の士族の家に生まれ、東京帝大に進んで法学を学んだ。まだ日本が西欧に学んで法体系を整備する途上の時代だった。

平沼は司法省に入省、検事となり、民刑局長、検事総長、大審院長を歴任。それまで藩閥や財閥の権力の前に手を出せなかった汚職事件を摘発し、司法省の地位向上につなげた。

平沼は明治以降、西欧崇拝に流れて日本古来の精神が蔑《ないがし》ろにされる風潮に懸念を抱いていた。特に無政府主義者・幸徳秋水が天皇暗殺を企てたとされる大逆事件の裁判に携わったことなどから、無政府主義、共産主義など外来の思想の流入に危機感を持った。大逆事件の裁判は「暗黒裁判」として今でも批判があるが、当時の左翼思想に対する危機感・恐怖感は考慮しなければならないだろう。

このようなことから平沼は「国本社」という団体を結成。日本精神や祭政一致の政治を主張、天皇を敬愛し、本来の国に復古せよと提唱した。国本社は官、政、財界や軍人に多くのメンバーを持つ一大勢力となった。

平沼は定年まで司法官で終えるつもりだったというが、特に要請されて第二次山本内閣で司法大臣に就任、それ以降境遇が変わり、貴族院議員、枢密院副議長となる。

枢密院とは憲法などに関わる審議を行い、天皇に上奏する機関である。しかし欧米協調主義者である元老・西園寺《さいおんじ》公望《きんもち》は復古的な言説を嫌い、平沼を天皇に近づけたくなかったため、平沼は神がかりの迷信家だと中傷した。平沼は、欧米追随で事なかれ主義の外交を繰り返した西園寺こそが国を誤る元凶だと主張していたが、天皇は西園寺を信じ、最後まで平沼を信用しなかった。国本社も危険思想の団体のように扱われ、平沼は枢密院議長に就任するため国本社を解散した。

平沼は近衛文麿と親しかったが、そのために支那事変の泥沼化で政権を投げ出した近衛に押し付けられるような形で首相に就任した。閣僚のほとんどが留任、近衛自身も無任所大臣として加わっているという変則的な内閣だった。

平沼は日独伊三国同盟締結に向けて努力する。ソ連の共産主義が日本に流入することを危惧し、ソ連封じ込めのために三国同盟が必要と考えていたのである。だがドイツがソ連と不可侵条約を結んでしまったため、「欧州の天地は複雑怪奇なる新情勢を生じた」という有名な言葉を残し、就任8カ月で総辞職した。

その後再び三国同盟を締結しようという動きが熱狂的に起こるが、この時は平沼は猛反対した。以前はあくまで反共のために三国同盟を推進したのであって、ソ連と組んでいるドイツと同盟を結ぶ必要はない。しかも今度の三国同盟推進論者は、ドイツに倣って日本も全体主義の「新体制」を作るべきだとまで主張している。これは平沼にとっては論外で、ファシズム体制などは日本の国体に反し、天皇を蔑ろにして「幕府」を作るようなものであり、むしろ英米との協調を目指した方がいいと主張した。

だが、かつての仲間だった革新右翼はこれを「裏切り」としか思わず、平沼の暗殺を謀る。平沼は6発も銃弾を撃ち込まれたが、奇跡的に生き残った。

平沼は終戦前、一時は抗戦論を唱えるが、ポツダム宣言が有条件であり、日本の国体が守られることを確認した上で受諾に転じた。そのため今度は徹底抗戦を唱える軍人に自宅を焼き打ちされた。

平沼は最年長の「A級戦犯」だった。法廷では一切何も語らず、超然とした態度だった。

当時81歳の平沼にまで判決は終身禁固刑で、昭和27（1952）年、病気による仮出所直後に死去した。

巣鴨プリズンでの「A級戦犯」の扱いは、虐待という他ないものだった。市ヶ谷の法廷から帰る度に、自殺用の毒薬カプセルを隠していないかと、全裸にされて肛門まで調べられる。夜も明かりが落とされず、ひっきりなしに巡回の足音が響く廊下に頭を向けて寝なければならず、熟睡もできない。しかも先行きの知れない「A級戦犯」の身の上である。屈辱と不安感と不快な環境に耐え、彼らは国際法無視の無法裁判を闘っていたのだ。名実共に、彼らは戦争を続行していた。その中で斃《たお》れたのだ。靖國神社に祀って何が悪いというのだろうか。現在ぬくぬくと暮らしている日本人の、誰が彼らを責められるのだろうか？

名誉を回復した人々

いわゆる「A級戦犯」を含む受刑者を釈放せよという運動は当時全国に広がり、4000万もの署名を集めた。

昭和28（1953）年には衆議院で受刑者の赦免に関する決議が行われ、関係各国の同意を得た上で順次仮釈放の形で出所が許された。

そして1958年4月の連合国通達により正式に刑が赦免された。

大川周明

おおかわ・しゅうめい／明治19（1886）—昭和32（1957）
思想家

民間人で唯一「A級戦犯」として起訴された大川周明は、「東亜の論客」と言われた思想家だった。その活動は学者の域には留まらず、「学者としては血がありすぎ、志士としては学問がありすぎる」と言われた。

山形・庄内地方の医者の家に生まれた大川は、東京帝大に進学して宗教学者を目指し、卒業後もアルバイトをしながらイスラムの研究を続けていた。そんな中でインドにおけるイギリスの苛酷な植民地支配の実態を知り、インド独立運動に関わりを持った。

日本政府はイギリスの要請に屈し、日本滞在中のインド独立運動家、ラース・ビハリー・ボースら二人の国外退去を命じた。これはイギリスへの身柄引き渡し、死刑に等しい措置で、大川は二人を官憲から隠匿するのに協力した。日露戦争以降、日本はアジアの期待を一身に受けながら、政府は欧米との協調の方を優先している。大川はアジアの被圧迫民族解放と日本国内の改造を目指すようになる。

一方、米騒動など国内の社会問題が頻発したために国家の革新を唱える団体がいくつも結成され、大川も猶存社という結社に参加、その指導者として中国で革命運動に奮闘していた北一輝を迎えた。だが大川と北はやがて意見が対立し、感情的にまで敵対して猶存社は解散した。

大川は満鉄調査局に採用されてアジア植民地研究を続ける一方、青年教育指導者の養成所で文明史や日本精神を講義した。大川が考える国家改造は、西洋化の道を歩んできた近代日本を日本精神に回帰させる「復古革新」だった。やがて大川の周りに人が集まり、新たに行地社《ぎょうち》という結社を結成。特に積極的に軍人を同志に獲得していった。

世界恐慌による大不況で国民生活は困窮、東北の農村では欠食児童や女子の身売りが続出する惨状でありながら、政界は二大政党が互いの汚職を暴き合う泥仕合を続けるばかりで、政治不信は極限に達していた。そこで大川は橋本欣五郎ら陸軍の急進派と組んでクーデター、いわゆる「三月事件」を企て、軍から音だけが出る擬砲弾300発を調達するが、未遂に終わった。そして7カ月後、満州事変勃発の翌月には橋本らと再びクーデター「十月事件」を計画する。実行されれば後の2・26事件にも匹敵した規模で、大川は新政府の大蔵大臣になる予定だったが、これも計画が漏れて失敗した。

さらにその翌年、大川は5・15事件で実行グループに武器や資金を供与して逮捕された。だが国民の同情はテロに倒れた政党政治にではなく、5・15事件の犯人たちに集まり、大川は国士と言われた。腐敗した政党に国民は愛想を尽かしていたのである。大川は禁固5年の判決を受けるが1年4カ月で仮出所。以後は南アジア地域の専門家を育成する機関の所長に就任して教育活動に当たった。

対米開戦前、大川は国力不足を感じ、戦争回避工作を試みる。だがいざ開戦に至った後は、大正時代からアジア解放を唱えてきた理論家として、大東亜戦争の大義を唱えて戦争遂行のため活躍した。

大川は東京裁判を思想の戦争と捉え、闘う準備をしていた。ところが裁判初日、水色のパジャマに下駄履きという異様な風体で被告席に現れ、パジャマをはだけるなどの奇行の後、後ろから東条英機の禿頭を平手で叩いて「ピッチャン」という音を法廷に響かせて退場させられ、精神異常で免訴となった。あまりのタイミングの良さに仮病説が言われたが、診断結果は偽装できない身体症状まで典型的な脳梅毒だった。

入院、療養の結果回復した大川はコーランの日本語訳を完成させ、退院後は戦後日本の独立心の喪失を憂い、新しい「瑞穂の国」を築くべく農村復興に取り組んだ。

木戸幸一

きど・こういち／明治22（1889）—昭和52（1977）
文部大臣／内務大臣／厚生大臣／内大臣

木戸幸一は終戦までの5年7カ月の間、内大臣を務めた。

内大臣とは国務大臣ではなく、天皇の側近中の側近である。天皇の助言役、相談相手で、自身が国政の表に出ることはないが、天皇の発言に大きく影響を与え、結果的に皇室や国務に影響を与えることもありうる。ところが内大臣の職務や権限、助言できる範囲は憲法学者にも説明できないほどあいまいで、全ては就任した人と天皇の信頼関係だけで成り立つという、極めて特殊なポストだった。

木戸の祖父は明治の元勲・木戸孝允《たかよし》で、父は侍従長を務めた。名家の御曹司だが「祖父は偉かったかもしれんが、国事に奔走して蓄財などはない。それに、僕は少しも偉くないんだから」と、農商務省の職員になった。

その後、学生時代からの親友だった近衛文麿の勧めで内大臣秘書官長となる。暇な仕事で平日もゴルフができるという誘いに乗ったのだが、国内外で相次いだテロ、クーデター未遂、満州事変、5・15事件などの重大事件に忙殺され、ゴルフどころではなくなった。2・26事件では斎藤実《まこと》内大臣が暗殺され、木戸も危機一髪だった。

近衛文麿が首相になると、「愚痴や打ち明け話ができる友達のような相手が閣内に欲しい」という近衛の希望で文相に就任、その後厚相、内相を歴任した。

木戸は近衛辞任後の平沼内閣でも内相を務めた後、

内大臣に就任。一方で時局混迷の中、陸軍の後押しで近衛が再び首相に就く。国民には非常に人気の高い近衛だったが、天皇は先行きを憂慮していた。そして結果的には心配どおり、日米関係がにっちもさっちもいかなくなったところで近衛は内閣を投げ出した。

木戸は次期首相に東条英機を強く推《お》した。もう戦争は避けられないだろうと思いつつも、陸軍の強硬派を押さえながら戦争回避のための交渉ができるのは東条しかいないという判断だった。天皇も「つまり虎穴に入らずんば虎児を得ずだね」と笑顔で諒解《りようかい》した。

しかし「ハルノート」を突きつけられ、東条内閣は開戦を決意する。この決定を天皇が拒否することは立憲君主としてはできないし、もし拒否していたら確実に内乱が起きていた。

開戦後、木戸は早くから和平を考えていた。だが戦況不利が決定的になっても和平工作が行われないため、木戸は裏から重臣たちに働きかけて、東条退陣を図った。しかし小磯内閣に交代しても和平工作は進まないし、重臣たちも全く頼りにはならなかった。木戸は重光葵と二人だけで、天皇の「鶴の一声」による終戦工作を行うことを決意。天皇と戦争終結に向けた相談を始め、さらに天皇の意図を体して首相や閣僚たちに和平の方針を説いて回り、戦争終結への政策転換を取りまとめた。徹底抗戦派による暗殺をも覚悟して、木戸は終戦実現に大きく貢献したのだった。

木戸は天皇の最側近として「A級戦犯」とされた。裁判に当たっては、木戸は言うべきことは全て言うという方針で、15年間にわたる日記も提出、これは他の被告に大きな影響を及ぼした。日記の内容は天皇には有利に働くが、軍人被告には不利になることが多かった。誰にも迷惑をかけまいと沈黙を守って死んだ広田弘毅とは全く対照的な態度だが、木戸は広田については後に「立派ではあるけれどもだ、……つまらんことだと思うんだ」と言っている。

木戸は天皇を守るため、責任を軍部になすりつける証言に終始し、軍人被告は木戸を蛇蝎《だかつ》のごとく嫌った。

木戸は終身禁固刑を受け、昭和30(1955)年仮出所。以降は隠居生活を送った。80歳の誕生日には天皇が功臣に贈る「鳩杖」を下賜《かし》されている。

南次郎

みなみ・じろう／明治7（1874）—昭和30（1955）

陸軍大将／陸軍大臣／朝鮮総督

白ヒゲの好々爺、南次郎は「南のある所春風あり」と言われた人情家で、明るくユーモラスで誰にも親しまれた。だが元々は根っからの騎兵らしく決断が速く、記憶力抜群、一度決めたらまっしぐらに驀進《ばくしん》する性格でもあった。

南は大分の貧しい旧士族の家に生まれ、充分な教育を受けるため、11歳で陸軍軍人の叔父に預けられて上京する。だが勉強嫌いのガキ大将で中学を停学になり、すでに軍人志望だったので、いい機会と退学して陸軍の予備校に入学。軍人になっても相変わらず強情で上司と衝突ばかりしていたが、日露戦争で二〇三高地の総攻撃に参加、功績が認められて同期のトップを切って大本営参謀になる。

南は特に出世にはこだわらず、騎兵の実力向上のためにも、他の栄職の話を断って騎兵連隊長に留まったりもした。その後騎兵課長となって馬産・馬政の改革や民間馬術の普及を手がけるが、その時は資金捻出のためクビの危険までかけて、当時廃止されていた競馬を復活させた。もっとも後には「バクチのテラ銭稼ぎ」を考えたつもりはなかったと不満を言っている。

南はその後支那駐屯軍司令官、騎兵学校長、士官学校長、朝鮮軍司令官などを歴任、第二次若槻内閣で陸軍大臣に就任した。就任の1カ月前に「三月事件」が起きており、事件の存在すら知らされていなかった南は、まずこれが政治問題化しないよう後始末をしなければならなかった。

さらに就任当時は、国際軍縮会議の開催や、政府の緊縮財政・協調外交路線で軍縮思想が全盛だった。軍部は、国際軍縮会議は日本の軍事力封じ込めを狙ったものだと反撥《はんぱつ》するが、世論は圧倒的に国民負担軽減を求めていた。南は苦労して政府との妥協点を探り、軍費節約の軍制改革案をまとめるが、それは実行されなかった。満州事変が勃発し、国民世論が一夜にして180度変わったからである。

満州事変の実行に南は一切関わっていないが、第一報を聞いて思ったことは「来るべきものが来た」だった。未解決事件300件という排日の嵐の前に満州は一触即発であり、南自身、事変直前には満州問題の積極的解決策を説く訓示を行って物議をかもしていた。

南陸相宛には10日間で2万通の激励の手紙が届き、中には従軍志願の血書嘆願書も多数あった。募集もしないのに全国から寄付が殺到した。政府は不拡大方針で、南は板ばさみだったが、世論の圧倒的支持を受けて積極的解決策を首相に進言。満州平定、満州国建国へと事態は進んでいった。

南には政治的野心はなく、若槻内閣退陣に伴い留任要請を固辞し、わずか在任8カ月で陸相を辞任した。

その3年後、南は関東軍司令官として満州に赴任。内政・外交ともに順調な時期で、南は「満州国人に対する日本人の優越感を取り除くべし」と訓示し、好反響を呼んだ。だが本国で2・26事件が発生、南は事件にも、その背景にあった陸軍内の派閥抗争にも一切無関係だったが、軍長老としての責任を取り自ら現役を退き、満州を去った。

その後間もなく朝鮮総督就任を要請され、南は第7代総督となり、朝鮮の産業近代化や教育普及などに取り組む。創氏改名などの公布もしたが、あくまでも朝鮮人の地位向上と一体のもので、強制しないよう再三訓告していた。その後は枢密顧問官などを務めて終戦を迎えた。

東京裁判で南は全被告の先陣を切って証言台に上った。あごヒゲを長くのばした風貌や、獄中にあっても穏やかな態度は「東洋的大人」として米人記者や軍人にも人気が高かった。

高齢の南にも判決は終身禁固刑で、昭和29（1954）年病気療養のため出所するが、その翌年亡くなった。

畑俊六

はた・しゅんろく／明治12（1879）—昭和37（1962）
陸軍元帥／陸軍大臣／支那派遣軍総司令官

畑俊六は旧会津藩士の家に生まれ、父を早く亡くし赤貧洗うような中、母の支えを受け、陸軍軍人のエリートコースを歩んできた。

航空本部長、台湾軍司令官、教育総監などを歴任し、支那事変では松井石根大将の後任として中支那派遣軍司令官となり、徐州戦、武漢三鎮攻略戦を指揮。その後天皇側近の侍従武官長を経て陸軍大臣となる。

畑を知る人は、その人柄を賛美するのに言葉を惜しまなかった。

「大将は智仁勇兼備の名将であり至誠純忠の人であり己を律する厳なること秋霜の如《ごと》く、人に処するに和なること春風の如く又一面洒脱にして機知に富み軽妙なユーモアで人を抱腹させたり人情にもろい親しみやすく近づき易《やす》い人柄であり低俗な歌にも平気で声を合わされることなどもあった」

ところが歴史家の畑に対する評価は極めて悪い。原因は陸軍大臣時代にある。

畑が陸相を務めた頃、陸軍は三国同盟締結に意欲を燃やしていた。だが米内光政首相は親英米派で三国同盟に反対しているため、陸軍は米内内閣を潰すことにした。畑は陸軍の意向を受けて単独で陸相を辞任、陸軍は後任の陸相を出さず、倒閣に追い込んだのである。つまり、畑は陸軍の横暴の片棒を担いだというわけだ。

とはいえ、それにも事情はあった。畑は参謀総長を務めていた閑院宮《かんいんのみや》から陸相を辞任するように命じられ、皇族への忠誠が厚いために断れなかったのである。しかし畑は米内には、辞表を提出しても受理しないようにと密かに話をつけていた。これで宮様の顔も立て、米内も守るはずだったのだ。ところが米内にも何らかの圧力があったらしく、辞表を受理してしまったのである。この話は畑の死後初めて公表された。畑は一切弁解せず、死ぬまで汚名を引き受けたのである。なお、東京裁判ではこの米内内閣倒閣の件が重視された。

高潔、謹厳だった畑は陸相時代、外地での軍紀の弛みを憂慮し、軍人勅諭とは別に処世訓的な道徳律を作ろうと考えた。それが「戦陣訓」である。戦陣訓は大部分が畑陸相の時に作られたのだが、どういうわけだか発布した東条英機だけが悪者にされている。

その後畑は再び支那派遣軍総司令官、教育総監を務め、広島の第2総軍司令官となる。ここで原爆を受け、官邸が半壊するが辛うじて難を逃れ、被爆者救護などの緊急事態処理に当たった。

「A級戦犯」に指定された畑は、弁護人にこう言った。

「自分は巣鴨へ入れられた日を自分の命日と決めて居る。その日以後自分は生きておらぬものとお考え願いたい。自分のために、天皇陛下に御迷惑のかからぬように、又日本国に不利益にならないように、呉《く》れ呉《ぐ》れもご注意頂きたい」

畑の訴因には、ドーリットル飛行隊員処刑の件も含まれていた。東京を初空襲して民間人50人を殺した後捕虜となった飛行隊の隊員を、戦犯裁判にかけて処刑した事件で、米国内での世論もあり責任者は死刑と見られていた。

飛行隊員の処刑は軍中央の決定だったのだが、畑はそれを一言も言わず、また、実行を命じた部下に責任が及ぶことがないよう、自分の責任であるという証言書を提出した。

だが弁護人の努力で畑は免責され、上海で米軍の裁判を受けていた部下も死刑は免れた。

畑は終身禁固刑の判決を受け、昭和29(1954)年に仮釈放。その後は偕行社の活動などに携わる。自ら建立に尽力した忠霊塔の序幕式で祭文奉奠《ほうてん》を終えた直後に倒れ、満足の表情を浮かべたまま死去した。

橋本欣五郎

はしもと・きんごろう／明治23（1890）—昭和32（1957）
陸軍大佐／大日本青年党統領

橋本欣五郎は一生、日本の国家改造を目指し続けた。駐在武官として赴任したトルコで、国民革命を目撃したことが橋本の人生を決定づけたのである。

　第一次大戦に敗れ、解体の危機にあったオスマン・トルコ帝国で、トルコ民族の独立と領土保全のため独立戦争を率いた英雄、ムスタファ・ケマル・パシャは、連合国と妥協したイスタンブールのスルタン政権を倒し、アンゴラに新政府を確立して初代大統領に就任。イスラムの国家体制を急速に世俗化・近代化するとともに、旧政権下で異民族に牛耳られていた経済・社会をトルコ民族の手に取り戻そうとする国民革命を進めていた。

　橋本は革命家・ケマルに心酔した。日本は為政者や政党の腐敗、大衆に無理解な資本家や華族、農村の荒廃、失業、不景気、官公吏の保身主義、列国の鼻息を窺うことに汲々《きゅうきゅう》とするのみの外交と、正すべきことが山積している。しかしいくらそれを橋本が批判しても為政者には「笑殺」されるだけ。ならば実力行使あるのみと考えたのだった。

　橋本は同志の軍人を集めて「桜会」という結社を作り、二度のクーデター未遂「三月事件」「十月事件」を起こす。いずれも不発に終わったが、橋本は全く懲りなかった。

　2・26事件の勃発を知ると「やった、やった」と歓声を上げ、泣いて止める上司を振り切って上京し、蹶起《けっき》部隊に占拠された陸相官邸に「昭和維新断行の壮挙、衷心よりおめでとう！」と怒鳴りながら乗り込んだ。橋本は天皇と蹶起部隊の仲介工作を行い、彼らに有利なように事局を収拾してやろうと乗り込んだのだ。だが、天皇が蹶起部隊を「暴徒」と呼び、鎮圧するよう命じたため万事休した。

この件で予備役に回され、軍服を脱いだ橋本は「大日本青年党」を結成して「統領」となり、今度は政治による国家革新を目指す。だが間もなく支那事変が起き、再び召集された。その時揚子江上の英砲艦・レディーバード号を砲撃して外交問題となり、退役させられたとよく言われるが、それは誤りである。レディーバード号は逃走する中国兵を満載しており、橋本は司令官の命令で砲撃している。日英両政府間で話し合いもつき、責任問題にはなっていない。

橋本は1年7カ月の任務を終えて帰国し、大日本青年党統領として活躍。近衛首相の新体制運動にも協力する。

橋本は日米開戦には慎重な意見だったが、戦争が始まった以上は全力を挙げて協力、いわゆる「翼賛選挙」にも出馬して衆議院議員も務めた。

東京裁判の検察は三月事件・十月事件を「侵略計画の発端」と決めつけ、木戸幸一被告も同様の見解を示した。

橋本は、国内改革だけが目的で海外侵略など考えなかったと主張し、木戸幸一や重臣たちこそが、首相の人選など日本の政治中枢を掌握していたと批判した。見ようによっては「なすり合い」だが、橋本は庶民に無理解な華族などが政治を牛耳る現状も、改革すべきと思い続けていたのだった。

終身禁固刑を受けた橋本は、昭和30(1955)年に仮出所し、翌年参議院選挙に全国区から立候補した。準備期間も資金も政党の公認もなく、当選するはずがないと誰もが止めた。だが橋本は戦後の日本が独立国とは思えず、心配でならないと出馬を強行した。結果は惨敗で、選挙資金の借財で住み慣れた家も手放した。しかも橋本の体は選挙中から肺癌に侵されており、入院した時はすでに手遅れだった。

橋本の計画は常に杜撰《ずさん》だったため、「夢想的なドン・キホーテ」といった評価が多い。ただ、橋本は最期まで理想を持ち、財産も地位も家庭も失い、一代の革命家としてその生涯を終えたのだった。

荒木貞夫

あらき・さだお／明治10（1877）―昭和41（1966）
陸軍大将／陸軍大臣／文部大臣

荒木貞夫は八の字ヒゲの独特な風貌と雄弁で知られた。その話は人を引きつける魅力があったが、話す内容の大部分は精神的・抽象的なもので、具体的・論理的な話はなかった。例えば『皇国の軍人精神』という著書では、「日本には、欧米よりもっと深い戦争哲学をもっているはずだ」「日本の軍隊は皇道を防護するため、平和的であり文明的であるが、これを妨害し破壊せんとするものがあれば、断乎《だんこ》として、これに拮抗する」といった具合である。荒木は陸軍内の派閥抗争では「皇道派」の代表格だったが、精神論に傾倒して具体性に欠ける傾向は皇道派全体に共通するものだった。

荒木は第一次大戦から帰国後、熊本の第23連隊長になるが、「兵隊は乞食のようだし、兵舎のカーテンはボロボロ」というあまりの貧乏軍隊ぶりに驚いた。将校までが生活に困り、演習する武器もなく、竹と新聞紙で作ったハリボテを担いで「タンク、タンク」「飛行機、飛行機」と叫びながら走り回るという有様。また、農村も窮乏を極めていた。その一方、都会では「大戦景気」に沸き、成金たちが宴会の豪華さを競っていた。

こういうことから、若手軍人たちの間に政治改革を目指す動きが生まれた。荒木はそういう意見によく耳を傾け、即時に意気投合したりするので、青年将校たちには大変人気があった。また、荒木は憲兵司令官の時、大川周明、井上日召《にっしょう》、北一輝など右翼方面の人々と交流を持ち、平沼騏一郎の「国本社」にも関わりがあった。

そのため橋本欣五郎は十月事件で荒木を首相に担ぎ

出そうとした。しかし荒木はクーデターで国を変えることには反対で、計画を聞かされた後「よろしい、僕は君の信頼を受けた。それでは言うが、その計画を直ちに中止しろ」と説得し、事件を未遂に終わらせた。ただ、この事件や5・15事件で「私利私欲のために起こしたものではない」と首謀者を厳罰に処さなかったことが、後のテロ続発の呼び水となった。

荒木は犬養内閣で陸軍大臣に就任すると、統制派の幹部を一掃し、皇道派一色にする人事を断行した。そのため皇道派が起こした2・26事件の後は、当時すでに第一線を退いた軍事参議官で、事件にも直接関わっていなかったにもかかわらず、粛軍人事のあおりを受けて予備役に回された。

荒木は第一次近衛内閣で文部大臣となり、「皇道教育」を強化。国民精神総動員の委員長も務め、思想面の戦時体制づくりを進めた。東京裁判ではこのことも重視された。

荒木の饒舌は東京裁判でも止まらず、「無罪」とひとこと言えばいいだけの罪状認否で「起訴状を大観致しましたが、一番最初に書いてある平和、戦争、人道に関しての罪状については、荒木の70年の生涯における、自信を失うものであります。ゆえに承服することはできません」と長広舌をふるってウェッブ裁判長に制止された。

巣鴨プリズンではMPに「お前は大将だったかもしれぬが、今は囚人だ！」と言われ、「無礼者！　囚人になっても大将は大将である!!」と一喝するなど、毅然とした態度を見せた。だが重光葵は、反米のあまり親ソになるような、荒木の思考の大雑把さを呆《あき》れ気味に見ていた。

荒木は東京裁判の証言台でも饒舌だったが、証言の内容は国家の無罪を主張するものではなく、一方的に自己の信念を披瀝《ひれき》し、それで有罪ならそれでもいいというようなものだった。

荒木は終身禁固刑を受け、昭和30（1955）年に仮釈放。その後も能弁は衰えず、講演で全国を回った。講演先で心臓発作を起こし、「日本の未来像は、維新の五箇条のご誓文を主とし、つまらぬ事を付け加えずにこれを達成すること」などと遺言して亡くなった。

大島浩

おおしま・ひろし／明治19（1886）—昭和50（1975）
陸軍中将／駐独大使

三国同盟推進のために熱狂的に尽力した大島浩は、根っからの親独派で、酒もドイツのサクランボ酒・キルシュワッサしか飲まなかった。

大島の父も軍人だったが、薩長の藩閥に属していなかったために大変な苦労を強いられ、陸軍大臣まで務めたにもかかわらず、ついに大将にはなれなかった。「浩を大将にさせてくれ」が口癖だった父は、息子には苦労させたくないという思いが強く、大島は「お坊ちゃん育ち」のまま純粋培養的に軍人になった。そのため良くも悪くも単純な性格で、あきれるほど人を信じやすく、癇癪《かんしやく》持ちで一度決めたら絶対引かず、政治や術策は全く下手だった。

また、父はドイツ留学を経験し、軍教官としてドイツ式の軍人教育を手がけ、息子も徹底的にドイツ主義で鍛えた。大島は幼少時からドイツ語を叩き込まれ、ドイツ人家庭に預けられてドイツ人の感性まで身につけさせられた。

大島はただドイツ語がうまいだけの「単純な軍人」だった。本人もそれを自覚し、「自分は政治とか、外交は好きではない。師団長や軍司令官として戦場の指揮官となるのが自分の夢だ」と語っていた。

ところが満州事変以降日ソ間の緊張が増し、一方でナチス・ドイツが急速に勃興してくると、日独でソ連を牽制できないかと、陸軍はにわかにドイツに関心を持った。そこで陸軍一のドイツ通である大島が駐独武官として送られた。

日独提携はあくまで陸軍の一部で構想に上った程度だったし、政府・外務省は欧州情勢には極力中立を保つ方針だったが、物心ついた時から親ドイツに染められた純粋まっすぐな大島は、日独提携という使命感に単純に燃えた。

大島は後にドイツ外相となるリッベントロップと親交を深めるが、狡猾《こうかつ》な策士のリッベントロップには大島を操ることなど雑作もなく、大島は利用されているとは気づきもせずに、日独防共協定締結、そしてさらなる連携強化へと、猪突猛進を続けた。

陸軍の大勢は日独連携に傾いた。海軍・外務省は全体としては反対だったが、足並は乱れていた。大島は陸軍の後押しで駐独大使に就任すると、もはや政府・外務省を完全に無視して日独伊三国同盟締結のために突っ走った。ところがドイツは仮想敵国だったはずのソ連と不可侵条約を結んでしまう。大島はその裏切り行為に激怒するが、リッベントロップはそれまで主張していた「反ソ」を「反英」にすりかえ、大島は簡単に丸め込まれてしまった。

大島は「リッベントロップの小使い」と批判を受けて免官され、帰国して浪人生活を送るが、こんな便利な人材をドイツが放っておくはずがなく、大島は在日ドイツ大使館特別顧問になり、リッベントロップとも直接交信していた。

一度は勢いをなくした日独提携論だが、日独伊ソで英米に対抗するという構想にすりかわって息を吹き返し、ついに三国同盟が締結される。そして大島は再び駐独大使に返り咲いた。ところがドイツは今度はソ連と開戦してしまう。大島は二度も裏切られたのになおもドイツを信じ続け、事実と異なるドイツ有利の戦況報告を東京に打電し続けた。そしてドイツの敗戦によって身柄を拘束され、日本に送還された後「A級戦犯」として逮捕された。

大島は終身禁固刑の判決を受け、昭和30(1955)年に仮出所が許されたが、「自分は国家をミスリードした。その人間が公職に就くのはゆるされない」と表舞台には現れなかった。戦後書かれた外交史では常に極悪人扱いされたが、一切反論せず、講演や自伝執筆の依頼も全て断り、沈黙を守ったままこの世を去った。

佐藤賢了

さとう・けんりょう／明治28（1895）—昭和50（1975）
陸軍中将／陸軍省軍務局長

佐藤賢了の父は仏教に熱心で、「賢了」という名も将来僧侶にしたくてつけた僧名だった。その影響で、佐藤は生涯敬虔《けいけん》な仏教徒だった。

陸軍大学在学中、佐藤の部下の妻が病気で入院したが、金がなくてろくな治療も受けられずにいた。佐藤もすでに結婚して貧乏暮らしのため、陸大の教官だった東条英機に「金貸してください、しかし返すあてはありません」と頼んだ。東条も生活は楽ではなかったが、妻に隣家から借金させて佐藤に渡し、これがきっかけで佐藤は東条に全幅の信頼を寄せ、後には側近として仕えることになる。

平凡な軍人だった佐藤が一躍有名になったのは、「黙れ！ 事件」のためだった。

支那事変勃発翌年、衆議院では国家総動員法案を審議中だった。軍需物資の大増産が必要なのだが、企業側としては、もし大増産して戦争が急に終わったら、在庫を大量に抱えて倒産の憂き目に遭ってしまう。現にそういうことが第一次大戦時に続発した。そこで、国家統制によってそのリスクを国が補償し、軍需物資を安定的に調達しようというのが総動員法の目的である。経済統制は利権が絡むし、ナチズムの全体主義への警戒感もあり、異論が続出して審議は難航。首相も閣僚も充分な答弁ができなかった。佐藤は第一次大戦の経験から国家総動員体制を研究していたが、指示がなければ答弁できない「説明員」という立場なので切《せつ》歯扼腕《しやくわん》していた。だが野党から「誰でもいいからよくわかっとる人が説明してくれ」という声が上がったのを渡りに舟と、説明を始めた。それが30分以上も続いたので、「この者にどこまで答弁を許すのですか」という野次がひどくなり、説明が妨害された。見れば野次の主は昔からの顔見知りだったため、佐藤はつい「黙れっ！」と怒鳴った。

「黙れ！事件」とはたったこれだけのことで、杉山元《はじめ》陸相は遺憾の意を表明、佐藤は陸相に叱責され登院を自粛した。

ところが、佐藤は青年将校たちとの謀議に基づいて怒鳴ったのであり、第二の2・26事件もありうるというデマが流され、議会は萎縮して法案は順調に成立した。そのため「黙れ！事件」は軍部が議会を威圧した象徴的事件とされ、佐藤は「黙れ！中佐」の異名で有名になった。本人はこの件について、「この事件を世間では大きく取り扱いすぎる感があった。まるで陸軍が議会を圧迫し、その勢力を衰退させたかのように言ったのである。実にばかげたことである。一説明員の一喝で衰退するような議会なら、放っておいても潰れるであろう」と述懐した。

佐藤は支那事変の解決のためには仏印国境を閉鎖し、蔣介石への補給路を断つ必要があると、北部仏印進駐を強く主張した。そして現地でフランスのベトナム植民地政策が横暴、過酷を極めていることを目撃し、植民地解放、新秩序建設の必要を痛感。南部仏印進駐も積極的に推進した。だが東条が首相となり、天皇の命により戦争回避のために尽力したため、主戦論との板ばさみになった。

開戦翌年には武藤章の後任として軍務局長に就任。海軍と飛行機の配分を激しく奪い合ったりもした。

佐藤が「A級戦犯」入りしたのは「黙れ！事件」のせいだと言われた。当人は「私ごときがA級とは望外の喜びで、昇進したような気持ちだった」と闘志を燃やしたが、検察は佐藤個人に関しては弁護を必要とするような証拠をほとんど提出できなかったため、「黙れ！中将」は発言の機会も与えられず、黙っていた。

終身禁固刑を受け、出所は「A級戦犯」でも一番遅い、昭和31（1956）年。その後は東急管財社長を務めた。

鈴木貞一

すずき・ていいち／明治21（1888）—平成元（1989）

陸軍中将／企画院総裁

鈴木貞一は軍人としては「変わり者」だった。東京裁判の被告席でも常に表情が動き、一瞬としてジッとしていない。「東洋風の沈思黙考型の多い被告の中にあっては、なにしろ目立つ存在」だったという。

千葉県の地主の家に生まれた鈴木は、元々軍人になる気はなかった。満州の森林開発を志望して東大農学部を目指し、願書まで出したのだが、その前に腕試しのつもりで受けた陸軍士官学校に合格してしまったので、そのまま入学して軍人になったのだという。

陸軍大学卒業後も、大抵の人が欧米へ出たがる中、支那研究に進む。そういう人材は少なかったため、久留米の歩兵第48連隊大隊長を務めていた時も、自分の連隊にはほとんどつけずに武漢・北京出張を命じられていた。

鈴木は若手陸軍将校と「木曜会」というグループを作り、満蒙問題解決策を研究する。鈴木の持論は、日本は満州だけに留まり、支那に深入りしてはいけないというものだったという。木曜会は先に結成されていた「双葉会」と合流して国家体制の革新を目指す『一夕会」となり、これが分裂して皇道派と統制派の派閥争いとなった。

鈴木は根っからの軍人ではないだけに、軍隊式思考の偏狭さや、社会状況などに対する視野の狭さがよく目についた。そのため陸軍内部の派閥争いには関心がなかったようで、皇道派・統制派のどちらとも深くは関わらず、それよりも積極的に政治家や財界人、官僚、新聞記者など軍隊以外の人物と交流を持つようにしていた。

そういうことから鈴木はもっぱら対外的・官僚的な仕事に携わることになる。満州事変後、軍務局勤務になると自ら満蒙班を設立。外務省にも陸軍にも政策をやれる者がなく、一人で「勝手にやっておった」という。その後は新聞班長となり、マスコミ対策を担当。日本の政治家に国防の意識が希薄であることに危惧を感じ、関心を高めるために『国防の本義と其強化の提唱』というパンフレットを作成して１００万部配布し、政党から「陸軍の政治進出」と批判を受けた。その後、近衛内閣が支那事変解決のために設立した興亜院の政務部長に就任。各省庁の連絡・調整を担当した。

鈴木は中将で現役を去り、第二次近衛内閣で国務大臣・企画院総裁に就任する。企画院とは国策の物動計画を担当する機関である。日米関係が緊迫する中、日本が国力上日米戦争に耐えられるかという質問に対し、鈴木は当初「困難」という見解を示していた。ところが東条内閣になると「心配はない。この際は戦争した方がよい」という見解に変わった。戦後このことが批判され、木戸幸一元内大臣などは「やらないという空気になるとやれないと言うんだ。やろうという空気になってくると、やれると言うんだよ、貞一は。それに相当のハッタリ屋でね、あれは」と言っている。

だが鈴木の談によると、当初企画院が船舶の損耗率の問題で困難と分析したのに対し、海軍が責任を持って損耗率を抑えるから大丈夫だと主張したために変更したという。それに、いずれにせよこの戦争は「物資もないのにした」のではなく、「物資がないからした」のであって、支那事変が泥沼化した時点で、もう不可避だと認識していたという。

鈴木は「A級戦犯」として拘置されても毎朝、長年の習慣である発声による健康法を行った。「ウェーイ、ウェーイ」という狼の遠吠えのような奇声は巣鴨プリズン中に響き渡り、獄中の目覚まし代わりになった。

鈴木の判決も終身禁固刑。昭和30（１９５５）年仮釈放。以降、公職に就くことはなかった。鈴木は「A級戦犯」でただ一人平成まで生き残り、１００歳で没した。

嶋田繁太郎

しまだ・しげたろう／明治16（1883）―昭和51（1976）
海軍大将／海軍大臣／軍令部総長

海軍大将・嶋田繁太郎は東条内閣で海軍大臣を務めた。毎朝の神社参拝を日課とし、毎日の職務を規則正しくこなし、酒も飲まず政財界とのつきあいもないという生真面目な性格は東条と共通し、それでいて東条のような我の強さがなく、年下の東条を立てる温和な性格だったため、東条・嶋田のコンビは東条内閣崩壊まで続いた。

嶋田は元々対米英戦には反対の立場で、日独伊三国同盟締結にも反対していた。だが4年間軍中央を離れ、第2艦隊長官、呉鎮守府長官、支那方面艦隊司令長官を歴任しており、詳しい政情を知る立場にはなかった。

支那方面艦隊で北部仏印に出兵した際は「これが南方進出の最大限度」であり、南部仏印まで出兵すればアメリカは到底黙視はしないだろうと主張、海軍兵学校同期生の山本五十六とも意見交換し、同感同憂した。

その後、嶋田は帰国して横須賀鎮守府長官に就くが、1カ月も経たないうちに東京に呼び出され、東条内閣の海相就任を要請される。元々軍政の経験もなく、興味も自信もない上に、それまでの日米交渉の内容も、第三次近衛内閣崩壊の経緯も知らない状態なので再三固辞したが、結局は海軍長老の伏見宮元帥の意向もあって引き受けた。

東条内閣では戦争回避のための必死の努力が続き、嶋田も職を賭けて平和を提唱しようとするが、すでに前内閣の時点で当時の及川海相が「海軍は対米戦争に不同意」とは言えず、「首相に一任」と言っていたような状態で、もはや嶋田が職を賭けてもどうなるものでもなかった。石油など軍需品の消耗は深刻で、連合艦隊は猛訓練の成果に自信を得ており、さらに季節による風浪の影響を考えれば、早期開戦以外ないという空気は海軍内でも明瞭となっていた。

開戦後も嶋田は東条に全面的に協力して戦争遂行に尽力。緒戦の勝利の間はよかったが、戦況が悪化すると「東条の副官」「東条の男メカケ」などと最悪の酷評にさらされ、海軍内では嶋田退陣要求の火の手が上った。

敗戦後、東京裁判に臨んだ嶋田は、大東亜戦争は自衛のためやむなく戦ったと口供書で主張したが、被告席ではいつも印象が薄く、ひっそりと座っていた。

そんな嶋田がやむにやまれず特例の許可を受け、再度証言台に立った。東郷茂徳元外相の証言に反論するためである。

東郷は、海軍が事前に開戦通告を行わずに真珠湾攻撃を行おうとしたが、自分が阻止したと証言、さらに裁判でそのことを言うなと嶋田と永野修身が「脅迫」したと証言した。

確かに海軍は当初、無通告攻撃を主張した。だが最終的には海軍も事前通告を了承していたのだから、わざわざそんなことを裁判で言う必要はない。嶋田や永野はそう言ったのだが、それを東郷は「脅迫」と取って法廷で暴露したのだ。

しかし、そもそも真珠湾攻撃が「無通告」になってしまったのは外務省のミスのせいである。東郷は罪を海軍になすりつけ、自分や外務省を守ろうとしているとしか思えず、嶋田は海軍の名誉のため、異例の反論を行ったのだった。

「まことに言いにくいことでありますが、よほど彼の心中にやましいところがなければ、私の言ったことを脅迫ととるはずがない」

だが「脅迫」だったかどうかなどは当事者以外にわかるものではなく、世間は「泥仕合」としか思わなかった。

海軍の代表として嶋田は死刑を免れないという予想も多かったが、判決は終身禁固刑だった。昭和30(1955)年に仮出所したが、その後は旧海軍関係者とも一切縁を切り、ひっそりと生活を送った。戦史の取材も全て断り、ただ「このまま静かにしておいてくれ」と言ったという。

岡敬純

おか・たかずみ／明治23（1890）―昭和48（1973）
海軍中将／海軍省軍務局長／海軍次官

海軍軍人で「A級戦犯」として法廷に立ったのは永野修身、嶋田繁太郎、そして岡敬純の3人だったが、岡は他の二人の大将に比べ、誰の目にも地味で小物に見えた。

岡は国内でもあまり有名ではなかった。日米開戦時には海軍軍務局長を務めていたが、陸軍で同じ地位にあった武藤章ほど積極的な役割を果たしたこともない。だが木戸幸一が、海軍で最も強硬に対米開戦を主張した人物の上司として名前を挙げたために、「A級戦犯」にされたのだ。

岡は海軍大学を優等で卒業したが、1年間潜水母艦艦長として海に出た他は、ずっと軍令部、海軍省勤務という二流の軍歴の、陸上の海軍軍人だった。「どん亀」と言われ、性格が弱く、若い時からあまり目立たない存在だが、会議などであまりおとなしいのでいい気になっていると、気がついたらいつの間にかこちらがやられているというような、したたかな交渉術も持っていた。会議・交渉の取りまとめがうまい、裏方的な官僚軍人だったようだ。

その岡と同郷で、中学の4年後輩に石川信吾という男がいた。石川は「不規弾」（一斉射撃の中で、あらぬ方向に飛んでいく砲弾）と言われる異端児だった。対米強硬論者で、アメリカはペリー来航以来東洋に野心を持ち、支那・満蒙侵入のためのプログラムを着実に実行していると主張。また、支那事変の前から、日本は米英蘭の包囲網の中にあり、ドイツの力を利用して突破すべきだと言い、支那事変が始まると、このままでは日米戦争になると断じていた。

海軍は一貫して対米開戦に反対したかのように戦後言われたが、実際には海軍の内部も割れていた。特に、海軍力を米英10に対して日本を6に抑えるというワシントン・ロンドン軍縮会議以降、海軍は条約を重視して国際協調を目指す「条約派」と、条約は日本を屈服させるだけだと強硬論を唱える「艦隊派」に大きく分裂した。そして石川の主張は艦隊派の青年士官たちに大いに支持されていた。

だが艦隊派は陸軍の皇道派と通じていたため、2・26事件で皇道派が壊滅すると、そのあおりを受けて粛軍の対象となる。石川もクビになりかけるが、岡が強く反対して身柄を引き受け、辛うじて救われた。

昭和15（1940）年、軍務局長に栄進した岡は、陸軍が掲げる政策に対抗し、海軍の国防政策を打ち出すことを目的に軍務局第二課を新設、石川を課長に据えた。有能だが何をやらかすかわからない石川の起用は猛反対を受けるが、岡は頑強に押し通し、陰の岡、陽の石川のコンビが海軍の政策を動かすようになった。

石川の大局観は、かつてと変わらなかった。今や米英の包囲陣の下に八方塞《ふさ》がりの日本が生きる道は、対米戦を覚悟し、タイ・仏印に早急に武力進出し、死中に活を求めるの他ないという考えだった。

石川のプランどおりに日本が南部仏印に進駐すると、アメリカは直ちに石油全面禁輸という手段を取った。岡は「しまった。米英の態度がシリアスになるだろうとは考えていたが、まさか今全面禁輸をやるとは……」と言ったが、石川は「当然あるものと覚悟していたさ。対米戦をやるなら、今年の秋だと早くから確信していた」と言い放ち、開戦後は「この戦争は俺が始めさせたようなもんだよ」と豪語した。そんな石川も敗戦時には自信も消え、顔面蒼白で目を蔽《おお》った。ただ、米英の世界戦略が日本を自衛戦争に追い込んだという主張は一生変わらなかった。

一方、岡は「A級戦犯」として終身禁固刑を受けるが、個人判決文は最も短かった。昭和29（1954）年に仮出所するが、それ以後はあまり公的な場所にも現れなかった。

星野直樹

ほしの・なおき／明治25（1892）―昭和53（1978）
満州国総務長官／内閣書記官長

満州国建国から間もなく、大蔵省は満州国の財政作りのための人材派遣を要請された。大蔵官僚だった星野直樹は「これにはまず責任者として、大蔵省で第一の人物を送る必要がある！」と力説し、その意見が採用されることになった。ただ、星野はそのために満州に送られる「大蔵省で第一の人物」に、まさか自分自身が選ばれるとは思ってもいなかったため、すっかり困惑してしまったのだが。

星野たちが渡った建国4カ月半の満州国の経済は、到底「国」と呼べる状態ではなかった。国家予算すら決まっておらず、通貨も不安定、税制は世界一不公平だった。

建国前の満州では数十種の通貨が流通し、それぞれの価値は常に変動していた。紙幣は各地の実力者の都合で乱発され、定期的に大暴落して紙くずになった。これらの通貨を新設した中央銀行の通貨に統一する作業はすでに始まっていたが、星野はさらに新通貨の安定と信用維持に尽力。まだ地方では反乱軍が勝手に発行した紙幣が流通していたが、そういう満州国には責任のない紙幣まで引き受けた。これは人心掌握と治安回復にも大きく役立った。

一方、貧乏人に重く、金持ちに軽く、政治家や役人には負担が全くないという税制を改めるため、星野たちは当面の税務行政方針を決める。だが困ったことに、それは関東軍が発表したばかりの新税制方針とは異なるものだった。

星野は板垣征四郎高級参謀に、軍方針の白紙撤回を直談判した。しかし軍としても慎重に決めたつもりの方針であるし、発表したばかりで撤回となると面目上問題がある。板垣は強硬に反対して問答が続いた。だがしばらくすると板垣はからからと笑って「よしわかった。君に負けたよ」と言い、「僕はいさぎよく撤回する。そして君の案に協力するよ」と快諾した。星野は板垣の器の大きさにすっかり感服した。その後、満州では租税に対する不平の声はほとんどなく、租税のための紛争や騒動は一度も起こらなかったという。

国家建設には道路網の整備が不可欠であり、早速その計画が立てられ、星野はその資金集めに奔走。また、「満州鉄道付属地」で日本人に治外法権が認められているのは、今や不公平で国の発展を妨げると主張。日本国内からは反撥も強かったが、後に治外法権撤廃は実現した。

星野は国務総理大臣の最高補佐である総務長官に就任、行政改革に取り組む一方、満州開発5カ年計画を遂行、日本から専門家を招いて電力事業開発に当たった。中でも豊満ダムは琵琶湖大の人造湖を持ち、70万キロワットの発電量を誇る世界屈指の巨大ダムだった。

戦後の中華人民共和国は、満州国の遺産で成立したと言っても過言ではない。毛沢東自らが「東北さえあれば、それで中国革命の基礎を築くことができる」と言っていた。中国共産党は満州国の遺産を食い潰した後、やむなく改革開放路線に転換したのである。

星野は満州を一生の仕事場と思っていたが、第二次近衛内閣で国務大臣企画院総裁への就任を要請され、慌しく満州を去った。その後、東条内閣では内閣書記官長を務めている。

星野は東京裁判では終身禁固刑を受け、昭和30(1955)年仮釈放、その後も経済界で活躍した。いくら「A級戦犯」の汚名を着せられようと、満州国建国に携わった信念は揺らぐことはなく、手記『見果てぬ夢』では「満州国の建設は、ついに見果てぬ夢に終わった。しかしこの間に、日本の若き人々の示した努力と苦心とは、永久に日本民族の誇りとするに足るものであると確信する。満州国建国の仕事に参画することができたことを、いまに幸福と考えているのは、けっして私一人ではないと思う」と記した。

賀屋興宣

かや・おきのり／明治22（1889）―昭和52（1977）

大蔵大臣

大蔵官僚の賀屋興宣は広島の国学者の家に生まれ、東京帝大卒業後、大蔵省に入省。エリート中のエリート、国家予算編成の中枢である主計局員となり、「大蔵省の事務室と家の寝台しか知らなかった生活をしていた」という激務をこなし、国政全般に対する素養を身につけつつ、順調に出世していった。

第一次大戦の経験から、日本でも総力戦に備えて統制経済を導入すべきだという意見が台頭し始めたが、賀屋は「大局において計画性がある自由経済」を理想とした。そもそも日本では、経済を統制していく能力が、統制する側の官吏にも、される側の民間にも不充分だと見ていた。

満州事変以降、陸軍からの予算要求が熾烈になる。それも、陸軍大臣は最後には無茶な要求はしなくなり、次に次官、局長、課長とだんだんおとなしくなるが、陸軍省の中佐、少佐級が最後まで強硬という、下克上状態だった。賀屋はこういう相手とぎりぎりの交渉を続けた。

名蔵相と言われた高橋是清《これきよ》は軍部の予算要求を蹴り、軍部の態度は国を誤ると切々と説いた。だがそれが恨みを買い、2・26事件で暗殺されてしまう。この事件を機に大蔵省の幹部は軍部抑制派から迎合派に変わり、空前の人事異動が行われた。賀屋も、16年間勤めた主計局から転任となった。

「これからは世間なみに5時に退庁し、春は桜、秋には紅葉がながめられる」と放言していた賀屋だが、その8カ月後には大蔵次官に起用され、さらに4カ月後、近衛内閣発足と共に大蔵大臣に就任する。

2・26事件以降、すでに自由経済を維持できるギリギリの軍事予算枠は突破されていた。そのため、もともと統制経済には反対だった賀屋が、日本で初めての計画・統制経済を推進することになった。賀屋は軍部の過大な要求に引きずられて経済財政が破綻することがないように極力抵抗しながらも、軍部が再び2・26のような事件を起こさぬように抑えていくという難しい舵取りを迫られていた。そのためには計画統制経済にした方が、これ以上は出せないという限界を明示できて、合理的にある程度は軍部の要求を抑えられるという考えだった。

なるようになれと投げ出すか、それともいつか誰かが軍を抑えてくれるのを願いつつ、最低限の経済は壊さないように守っておくか。「結局気の小さいというか、気の弱いというか、私は後者を選択した」と賀屋は言った。

賀屋の思いと裏腹に、支那事変勃発により統制経済はどんどん強化され、賀屋は政策が軌道に乗ったところで、内閣改造を機に蔵相を辞任した。だが賀屋が作った準戦時下財政経済策は「賀屋三原則」と呼ばれ、大東亜戦争終結まで歴代内閣の財政基本策として踏襲された。

その後、賀屋は東条内閣で再び蔵相になる。あくまで戦争回避に協力するためだったのだが、開戦となったからといって辞任したのでは国民に動揺を与えるということで、そのまま留まり、東条内閣の全期間蔵相を務め上げた。戦争になると巨額の軍事費など資金が出回り、大インフレが起きて、それが敗北の原因になる懸念がある。それを防ぐには、自分が蔵相をやるしかないという思いもあったという。

インフレ防止のためには増税という手段もあるが、賀屋は国民感情を考えて貯蓄の大増加という方法を考案。自ら猛烈に全国行脚し、国民貯蓄奨励運動に奮闘努力した。

賀屋は東京裁判で終身禁固刑の判決を受け、昭和30(1955)年に仮釈放。正式赦免後、衆議院に連続5回当選、第二次、第三次池田勇人《はやと》内閣では法務大臣を務めた。東京裁判で有罪になった者が法相というのも皮肉な話だった。

不起訴の「A級戦犯」

東京裁判に「A級戦犯」として起訴されたのは28人だが、
「A級戦犯容疑者」として逮捕令状が発令された者は100人以上にも上った。
軍人、政治家、外交官はもとより、読売新聞社長・正力《しょうりき》松太郎や朝日新聞副社長・下村宏などマスコミ関係者、
三菱重工業社長・郷古潔や日産グループの鮎川義介など財界人、ジャーナリストの徳富蘇峰など言論人、
児玉誉士夫《よしお》や笹川良一など民間活動家、進藤一馬、葛生《くずう》能久《よしひさ》など玄洋社・黒龍会関係など
手当たり次第という観があり、さらに各国駐日大使など外国人の名も挙げられていた。
中でも天皇の叔父に当たる当時72歳の梨本宮守正王《なしもとのみやもりまさおう》が、「伊勢神宮斎主を務めていた」という
不可解な理由で逮捕されたことは、天皇も訴追されるのではないかとの憶測を呼び、衝撃が走った。
東京裁判開廷後、「A級戦犯容疑者」は順次釈放されていったが、
2年半後の東京裁判終結時にもまだ岸信介元商工相など19人が巣鴨プリズンに拘置されていた。
第二の東京裁判もあるかと見られたが、東条英機ら7人が処刑された翌日、
GHQは突如19人全員を釈放し、この種の戦犯裁判を全て終了させると発表した。
東京裁判を含む全てのいわゆる「戦犯裁判」はただただ「見せしめ」のために連合国の都合で始められ、
連合国の都合で終結したのである。

ゴー宣
SPECIAL

第7章

重光葵

降伏調印の汚名と国連総会演説の誉れ

去年の秋、わしは目の手術をして、退院後しばらく箱根で休養していた。
小林よしのり
その時、旅館の近くに「重光葵記念館《しげみつまもる》」があることを知り、訪ねた。
重光葵といえば、敗戦後、米艦ミズーリ号で降伏文書に調印した人物。
そして戦勝国にA級戦犯として東京裁判に起訴された人物。
さらに日本が国連に加盟する時に、国連総会で演説した人物だ。

記念館は奥湯河原の
清閑な木々に囲まれた
道路に接して、
控え目な表札がなければ
個人の住宅と見紛《みまが》う
瀟洒《しょうしゃ》な建物だつた。
すでに改築された
ということだが、
この地にあつた別荘で、
重光葵は69歳で
急逝するまで、
庭いじりをしながら
暮らしていたという。
記念館に入つたすぐの所に、
ミズーリ号の甲板上で
日本側全権大使として
降伏文書に調印する
重光の写真が飾つてある。
その写真の横に、
調印式のために
横浜沖に向かう時の
重光の心境を詠《うた》つた短歌が
飾つてある。
昭和二十年九月二日
横浜沖に向ふ
願《ねが》くは
御國《みくに》の末の
栄え行き
我が名さけすむ
人の多きを
葵
そうか!
そこまでの覚悟で
重光は降伏の調印に
臨んだのか!

いつか日本が再び繁栄して、降伏文書などにサインした私の名前をさげすむ人が多くなることを、私は願う。

…そこまで重光は言うのである！

「有条件降伏」であるが、日本が戦争に負けたのは初めてである。

その調印式に代表として出ることの歴史的汚名をあえて引き受ける覚悟を重光はしていた！

だが今の日本人は重光をさげすむほど、この調印式を屈辱だと感じてもいない。

「勝とうが負けようが、戦争が終わってよかった、よかった」

…という安堵《あんど》にも似た心境を、この写真を見て抱く者が大多数になったのではないか？

この調印式から7カ月後、重光がまさか「A級戦犯」として逮捕されることになるとは、誰も思っていなかった。

さらにそれから10年後、重光には国連総会で堂々の演説をする運命が待ち受けていた。

1956年12月18日、国連総会で日本の国連加盟が承認された。

わが国の今日の政治・経済・文化の実質は過去一世紀にわたる欧米及びアジア両文明の融合の産物であって、
日本はある意味において「東西の架け橋」となり得るのであります。

このような地位にある日本は、その大きな責任を充分理解しておるのであります。

私は本総会において、日本が国際連合の崇高な目的に対し誠実に奉仕する決意を有することを再び表明して、私の演説を終わります。

これが有名な重光葵外相の『東西の架け橋』演説である。

握手攻めの重光代表
和やかな気分ただよう
この日、総会議場には和やかな雰囲気が漂い、演説を行った日本全権の重光葵外相は握手攻めにあった……と当時の朝日新聞は報じている。

そこには、この人物が「A級戦犯」だったなどとは一切書かれてはいなかった。

重光葵は、明治20（1887）年、大分県の郡長の次男として生まれた。

元々は政治家志望で熊本の五高から東京帝大に進むが、卒業後、外務省の試験に合格。

ドイツ、イギリス、アメリカに在勤。

国内では参事官、条約局課長などを務める。

特命全権大使として南京に赴任中の昭和6（1931）年、満州事変勃発。

翌年1月、これが飛び火して第一次・上海事変が発生。

日本人僧侶がシナ人に襲われて死傷する事件をきっかけに、日本陸軍部隊と共産党の軍隊が衝突していた。

上海に租界を持つ英・米・仏などの公使が停戦を呼びかけた。

重光は停戦交渉に尽力、5月5日に「日華停戦協定」を調印することが決まる。

4月29日、上海新公園での天長節(天皇誕生日)の祝賀式典に、重光は晴れ晴れした気分で出席した。

き〜み〜が〜♪

よ〜は〜♪

ドゴオオオオン

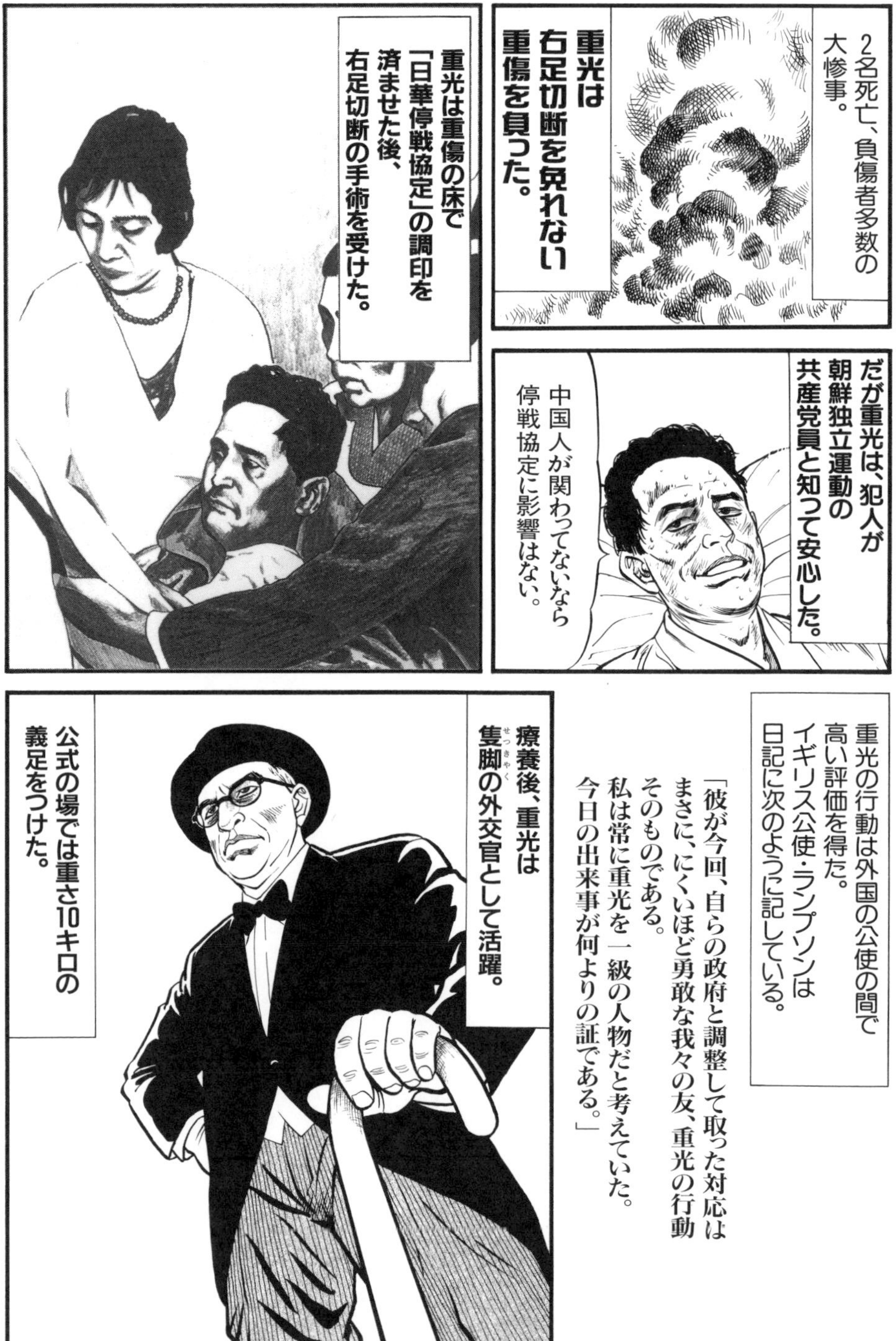
2名死亡、負傷者多数の大惨事。

重光は右足切断を免れない重傷を負った。

だが重光は、犯人が朝鮮独立運動の共産党員と知って安心した。

中国人が関わってないなら停戦協定に影響はない。

重光は重傷の床で「日華停戦協定」の調印を済ませた後、右足切断の手術を受けた。

重光の行動は外国の公使の間で高い評価を得た。イギリス公使・ランプソンは日記に次のように記している。

「彼が今回、自らの政府と調整して取った対応はまさに、にくいほど勇敢な我々の友、重光の行動そのものである。私は常に重光を一級の人物だと考えていた。今日の出来事が何よりの証である。」

療養後、重光は隻脚《せっきゃく》の外交官として活躍。

公式の場では重さ10キロの義足をつけた。

その義足が「重光葵記念館」に展示してある。

そういえば昔のフィルムで、ミズーリ号に乗船する時、大変そうだったのを見たことがあるな。

重光は、広田弘毅外相の下では外務次官を務め、日中親善の和協外交のために尽力した。

その後、重光は駐ソ大使に転任。

そこで「張鼓峰《ちょうこほう》事件」が起こる。

昭和13（1938）年、満州・朝鮮・ソ連が国境を接する張鼓峰でソ連が満州領内に侵入し、日本軍と戦闘になったのだ。

日本側は不拡大方針のため、兵員数はソ連軍の3分の1以下。

戦車・飛行機もない悲愴な戦闘だった。

重光はソ連外相リトヴィノフと停戦交渉を繰り返しつつ、逐一経過を内外の記者に発表、国際世論に訴えた。

その結果、欧米の世論は日本に同情的となり、ソ連を好戦的と非難する中で停戦交渉が成立。

戦闘はソ連側が主張する国境線で終結したにもかかわらず、欧米ではこの交渉を日本の外交的勝利と見て、ソ連の面目は傷ついた。

支那事変に専念したい日本軍としても、停戦が成立し、ソ連軍が支那事変に介入しないことがわかっただけでも予想外の成果だった。

だが、この事件が重光が「A級戦犯」として起訴される原因になるのである。

まったく理不尽な話なのだが…

次に重光は駐英大使となる。

刻々悪化する日英関係の改善や、蔣介石政権への援助中止要請など、困難な課題が山積していた。

そんな中、第二次大戦勃発。

ドイツ軍はフランスを降伏させ、イギリスも風前の灯《ともしび》と見えた。

だが重光は現地の戦況情報やアメリカの援助、人々の士気を見て、イギリスは負けないと分析、日本は絶対に欧州戦争に介入してはならないと警告した。

だがそれを聞き入れる者はなく、
ドイツの勝利を確信する
松岡洋右《ようすけ》が外相に就任して
「日独伊三国同盟」を締結。
ベルリン・ローマで必要もない
英米非難の声明を出して
快気炎を上げた。
大臣がこれでは
大使はどうしようもない。
重光は帰国を決意。
それから半年足らず、
昭和16（1941）年、12月8日、
日本は米英と開戦した。
開戦間もなく
重光は駐華大使になり
南京に赴任。
「対華新政策」を立案し、
推進する。
日本軍が占領した地域の、
政治・経済上の特権を中国人に譲り、
南京の汪兆銘《おうちょうめい》政権を
完全な独立政権にして、
平和になれば撤兵するとして、
重慶の蒋政権と話し合おう
という政策だった。
重光は帰国して
これを東条首相に進言し、
昭和天皇にも説明して、
昭和17（1942）年12月、
御前会議で決定された。

昭和18(1943)年、「対華新政策」の理念をアジア諸国まで広げ、米英の「大西洋憲章」に対抗する「大東亜憲章」を構想していた重光は、東条首相の強い要請で外相に就任。

重光は、開戦時から掲げられた「自存自衛」「大東亜共栄圏」の戦争目的では、まだ主張が足りないと考えていた。

「東亜の解放、アジア復興」の戦争目的を内外に堂々と宣明することで戦争は初めて有意義となり、戦意は高揚する。

また、戦争目的を限定することで、それが達成された時点で和平に至るという道筋を示せる。この理念に基づいて大東亜会議が開催された。

昭和18(1943)年11月、採択された「大東亜共同宣言」も重光の主導によるものだった。

だが時は遅く、戦況悪化の中、東条内閣は退陣。

重光は後継の小磯国昭内閣でも留任したが、密かに木戸幸一内大臣と天皇の「鶴の一声」による終戦工作を計った。

一方、小磯首相は繆斌《ミヨウヒン》という人物を通じて蔣政権との和平交渉を進めようとするが、
重光は過去に繆と接触し、信用できない人物だと感じていたため強く反対。

これが元で小磯内閣は総辞職。重光も辞任。

鈴木貫太郎内閣に交代する。

昭和20年（1945）年7月26日、米英中三国首脳による「ポツダム宣言」が発せられた。

鈴木内閣は、原爆投下、ソ連宣戦の後も、軍の強硬な反対で「ポツダム宣言」の受諾を決断できなかった。

軍が闇雲に降伏に反対したわけではない。

天皇制を護持できるか否かの他に、軍隊の自主的解散や、戦争犯罪人の国内処理や、保障占領をしないなどの降伏条件を付けるべきだというのが軍の主張だった。

重光は近衛文麿元首相に
「提出条件は国体擁護の一点に限るべき」
と進言し、
もはや天皇の勅裁に頼る以外ないと
木戸内大臣を説得した。
かくして8月14日、
聖断は下る。
翌日、玉音放送が流れ、
鈴木内閣は総辞職。
軍の動揺を抑えるため
皇族の東久邇宮《ひがしくにのみや》内閣が発足。
重光は二度目の外相に
就任するが、
そこで不名誉な大役が
待っていたのである。
降伏文書の調印だ。
日本史上初の敗北を認める
文書に名を記すことは、
政治家としてはその終焉を、
軍人としては自殺を強《し》いるに
等しい屈辱だった。
誰一人として引き受ける者はいない。
結局、天皇直々のお言葉により、
天皇と日本政府を代表して重光が、
そして陸海軍統帥部を代表して
梅津美治郎《よしじろう》大将がその役を負い、
9月2日、猛暑の戦艦ミズーリ号上で
降伏文書に署名した。

願くは
御國の末の
栄え行き
我が名さけすむ
人の多きを

調印式を終えた日の夜、大変な情報が入ってきた。

占領軍が日本政府を廃止し、完全に主権を奪って直接軍政を敷くという。

重光はろくに眠れないまま翌日早朝、マッカーサーと会見。握手もせず本題に入る。

軍政施行はポツダム宣言にも違反する。

日本国民の絶対崇拝する天皇の指令する日本政府を通じて占領政策を実行することが最も簡易な方法である！

マッカーサーの態度も次第に軟化し、ついに軍政施行を中止させた。

それから間もなく重光は外相を辞任。

鎌倉に家を借り、一家団欒《だんらん》の生活を送る。

その頃、占領軍は「A級戦犯容疑者」を次々指定して逮捕していた。

逮捕を免れようとマッカーサー司令部に密かに働きかける者あり、「自分に責任はない」と新聞・ラジオで発表する者あり、他人に責任を転嫁し中傷する者あり、それが軍閥出身に最も多い。

重光は「醜悪」と非難したが、もっと嘆いたのは一般国民の態度だった。

かつて英雄として尊敬した人々を罵《ば》詈《り》誹《ひ》謗《ぼう》し、すでに犯罪者として確定したかのように言う者がいた。

戦争犯罪に関して互いに排斥し合い、そのことで自己の利益を計る者までいた。

重光については誰もが戦犯指定とは無関係と思っていた。

GHQでさえそう思っていた。

重光は軍閥に反対し、和平と国交維持に尽力した外交官である。

戦犯容疑者の逮捕も昭和20年12月で一段落し、重光は外務省関係容疑者の弁護の準備を進めていた。

だが昭和21年4月29日、重光は家に娘と二人でいた時に、突然、GHQからMPがやってきて逮捕される。

MP
MP
MP
このような時には、いつも言った通りにしっかりしてね！

ママも兄さんにもよろしく、皆しっかりするんだよ。

お嬢さんはいくつですか?

14歳です。

私は今まであんなスイートな情景を見たことがない。

重光はこう歌に詠《よ》んだ。

「爆弾のまた落ちてきし天長のめでたかるべきその同じ日に」

その日は奇《く》しくも14年前に爆弾を投げられたのと同じ天長節の日だつた。

全くソ連の仕業《しわざ》です!

ソ連検事が着任してから起こったことで、起訴の前日、最終的に大臣と梅津大将とを起訴することになったのです!

ソ連は7年も前に張鼓峰事件の交渉で面目を潰された恨みを晴らすため、無理やり重光を「A級戦犯」にしたのだ。

もちろん重光は「東京裁判はあくまで勝者が敗者を罰する軍事法廷で、普通の観念から裁判と称すべきものではない」とはっきり認識していた。

起訴状は極刑を要求しており、死も覚悟しながら、それでも「彼れ等の為さんとする所を静観するのは極めて興味深いことである。天は果たして何を裁くか。それを見るのは寧《むし》ろ面白い」と好奇心を抱き、さらに「我は今尚此処《ここ》に於《お》て国際場裡《じょうり》に立って居るのである」と決意を表明する。

各国の思惑入り乱れるこの法廷こそ熾烈《しれつ》な外交の場であると見抜き、数々の修羅場をくぐりぬけてきた外交官として、正面から立ち向かう決心をしたのである。

かくして重光は、「A級戦犯」で唯一、冷静な観察者として内部から見た東京裁判を克明に記録していく。

法廷初日の心境は、こう歌に詠んだ。

「何時の間にか獄屋《ごくや》より法廷に通ふ身となりぬ敵の云ふこと唯《ただ》をかしくて」

冒頭陳述でキーナン首席検事が、この裁判を「文明の裁き」と位置づけたことについては、こう感想を記した。

「宣伝芝居の観深し。果たして之《これ》によりて文明は救はれ平和は将来に確保せらるべきや」

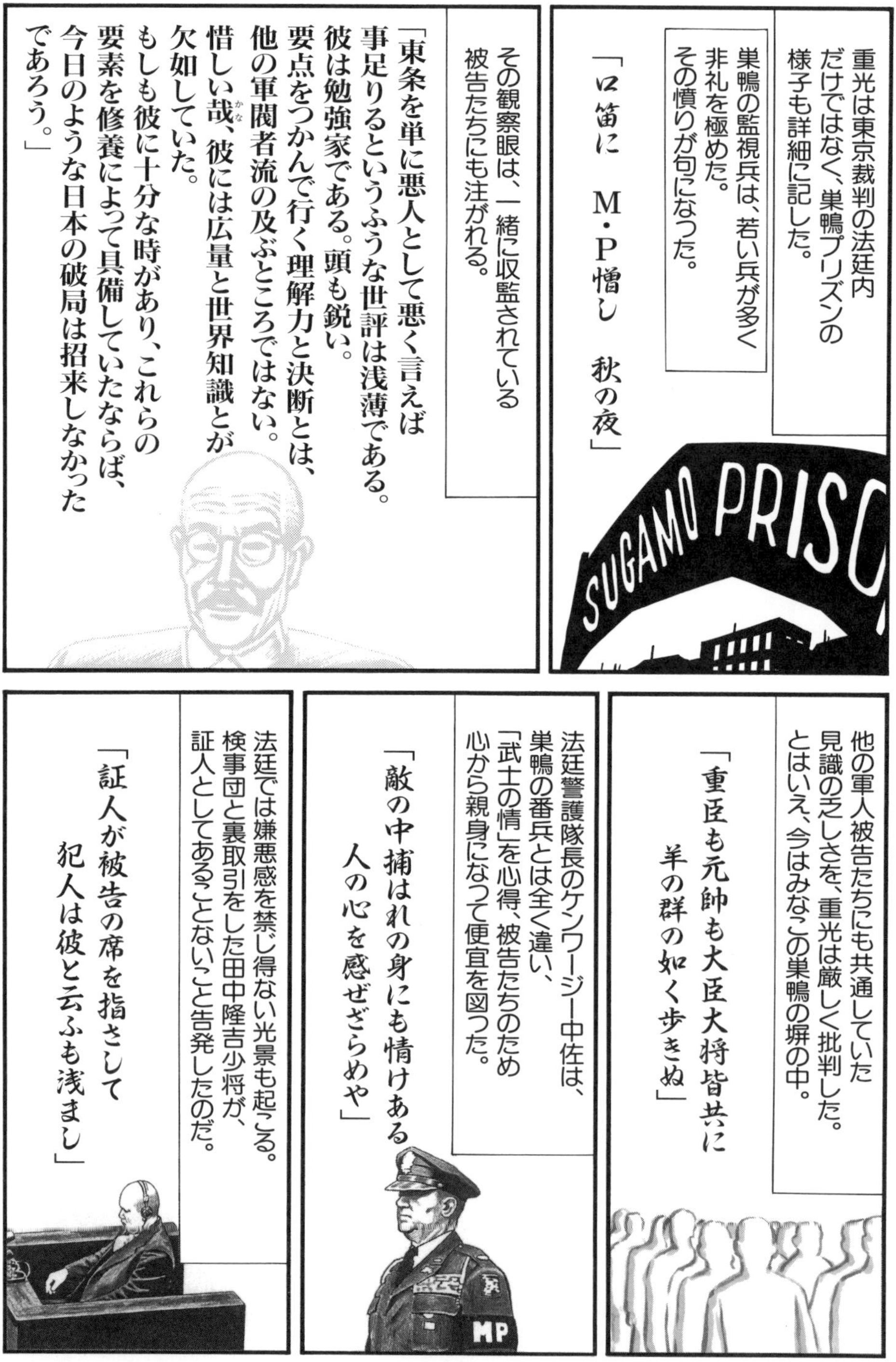

重光は東京裁判の法廷内
だけではなく、巣鴨プリズンの
様子も詳細に記した。
巣鴨の監視兵は、若い兵が多く
非礼を極めた。
その憤りが句になつた。
「口笛に　M・P憎し　秋の夜」
SUGAMO PRISO
その観察眼は、一緒に収監されている
被告たちにも注がれる。
「東条を単に悪人として悪く言えば
事足りるというふうな世評は浅薄である。
彼は勉強家である。頭も鋭い。
要点をつかんで行く理解力と決断とは、
他の軍閥者流の及ぶところではない。
惜しい哉《かな》、彼には広量と世界知識とが
欠如していた。
もしも彼に十分な時があり、これらの
要素を修養によって具備していたならば、
今日のような日本の破局は招来しなかった
であろう。」
他の軍人被告たちにも共通していた
見識の乏しさを、重光は厳しく批判した。
とはいえ、今はみなこの巣鴨の塀の中。
「重臣も元帥も大臣大将皆共に
羊の群の如く歩きぬ」
法廷警護隊長のケンワージー中佐は、
巣鴨の番兵とは全く違い、
「武士の情」を心得、被告たちのため
心から親身になつて便宜を図つた。
「敵の中捕はれの身にも情けある
人の心を感ぜざらめや」
MP
法廷では嫌悪感を禁じ得ない光景も起こる。
検事団と裏取引をした田中隆吉少将が、
証人としてあることないこと告発したのだ。
「証人が被告の席を指さして
犯人は彼と云ふも浅まし」

被告同士が罪をなすりつけ合うような場面も現れる。

「罪せむと罵るものあり逃れむと焦る人あり愚かなるもの」

それでも25人の被告たちの間にはいつしか連帯感が生まれていたという。

「法廷では泥仕合さへする仲であるが、矢張り二三年も起居を共にし同じ飯を食ひ同じ風呂にも入れば何となく親しく感ずる様になるのは人間性といふものであろう。今日之等《これら》二十五名の人々が元気に暮らして居るのは心強い」

重光自身の裁判は、有能な米人弁護士のファーネスらの尽力で有利に展開。

外交官として築いた信頼で、英米からも重光を擁護する多くの証言が集まり、重光は自ら証言台で弁明する必要もなかつた。

最終弁論をファーネスはこう締めくくつた。

私は本被告を弁護したことを誇りとするものでありますが、
被告が何故《なぜ》ここで弁護を受けねばならないかは徹頭徹尾理解できないのであります！

だがそれでも、重光には禁固7年の有罪判決が下つた。

ニュルンベルク裁判でさえ3人が無罪だったのに、東京裁判では全員が有罪とされたのだ。

ケンワージー隊長は憤慨して言った。

こうなったのは英国人判事のためだ！

ソ連を満足させるための、英米判事の政治的妥協による判決であることは誰の目にも明らかだった。

それでも重光を「共同謀議」の一員に仕立てることはできず、開戦後に外相として協力したことなどを捉え、無理矢理、有罪にしていた。

重光は判決文の感想をこう記した。

「私は、終始戦争に反対したことを裁判所が承認し、戦時、戦争に協力したことを有罪としたのは寧ろ誇りに感じた。自分は戦争となって応分の事をなしたことは最も誇りとする所である」

重光には、パール判事の他にオランダのレーリンク判事も無罪判決を下していた。

レーリンクは重光を個人的にも気に入り、判事団の最後の決定会議でこう言ったという…

この人は数年後には、日本の外務大臣になるだろう。

重光はなお2年の巣鴨生活を送り、昭和25(1950)年11月、仮釈放となった。

SUGAMO PRISON

その間、ワンマン総理・吉田茂の
長期政権が続いたが、
朝鮮戦争を機に公職追放から
多くの政治家が復帰、
求心力が低下し始めていた。
昭和27年、発足したてで
党の顔が不在だった改進党は、
重光が追放解除になると
直ちに総裁就任を要請。
重光はいきなり
政党総裁として
政界に出た。
だが真摯《しんし》で無愛想な重光は、
権謀術数《けんぼうじゅつすう》と大衆人気の
政治の世界には向かず、
党運営にも苦労した。
改進党は凋落《ちょうらく》傾向の与党・自由党と
提携を模索するが、紆余曲折《うよきょくせつ》の末、
鳩山一郎ら自由党の反吉田派などと
日本民主党を結成。
吉田首相を退陣に追い込み、
民主党政権、鳩山内閣が発足した。
重光は副総理兼外務大臣に就任。
レーリンクは遠くオランダで
予言の的中を喜んだ。

自由党と民主党は合同し、「自由民主党」を結成。

政権を安定させた老齢の鳩山首相は、「日ソ国交回復」実現を引退の花道にしようと執念を燃やし、重光外相をモスクワに送る。

新党結成大会
自由民主党
だが領土問題でソ連側は歯舞《はぼまい》・色丹《しこたん》のみ返還して平和条約を結ぶという提案を譲らず、何度交渉しても平行線だった。

日ソ双方とも、この後ロンドンのスエズ会議に出席するため、交渉のタイムリミットが迫っていた。

ここで重光は「豹変」する。「ソ連案を呑むしかない」と東京に打電したのだ。

だが政府の返事は「ソ連案は呑めない。重光全権はスエズ会議に出席すべし。交渉は中断する」というものだった。

大国相手でも一歩も引かないことで知られた重光の「急旋回」は様々な憶測を呼んだが、重光は真意を語らなかった。

ただ「まだ交渉の余地があると考えるのは甘い」と言ったという。

ここで二島返還で妥結した方がまだいいと判断したのだろうか？

だとしたら、それは正しかったのだろうか？

ともかくそれから50年、北方領土問題は一切進展していない。

日ソ国交交渉は
鳩山首相自らモスクワに
出向いて再開。
領土問題は棚上げにしたまま、
シベリア抑留者返還、
日本の国連加盟支援などを
条件に「日ソ共同宣言」を
調印。
日ソの国交は回復した。
日本の国連加盟は
それまで2回、
ソ連の拒否権発動で
否決されていたが、
これで日本は国連に
加盟できることになった。
そして1956年12月18日、
重光が国連総会で
演説をしたのである。
この時の重光の歌…
「霧は晴れ
国連の塔は輝きて
高くかかげし
日の丸の旗」
重光は帰国の際、
同行の外交官・加瀬俊一の
手を固く握り、
何度も言った。
有り難う、
もう思い残すことは
ないよ。

重光葵がこの世を去ったのは、それからわずか1カ月後。

死因は狭心症の発作だった。

重光には心臓の持病があり、巣鴨を出獄した時、すでに入院が必要な状態だった。

だがそれを拒み、激務に当たり続けたのだった。

現在、重光の出身地・大分県安岐町と、お気に入りの静養地で最期《さいご》の地ともなったここ、神奈川県湯河原町に重光葵の記念館がある。

戦勝国の勝手な都合で「A級戦犯」にされても、生き残った者は名誉回復して副総理・外相となり、国連で拍手喝采を浴びた。

急逝しなければ次期総理だったとも言われた。

死んだ後は記念館が二館も建てられている。

一方、死刑及び獄死の者は、占領中の復讐裁判による刑死は戦死と同じなのだから、靖國神社に祀ったのに、
未だに「罪人」扱いされ、分祀しろなど侮辱される。

これでは「死に損」だと遺族が思ったとしても無理はない。

重光葵は戦前から
軍人を辛辣《しんらつ》に批判し
戦争に反対した。
だが国の死活を賭けた
戦争が始まった以上は、
誰よりも強く大義を主張して
戦争遂行に協力した。
国が敗れ、
勝者の裁きの場に
出されても、それを
一番の誇りとした。
戦後も、たとえ
敗戦国であろうと
外交は対等であると
いう態度で臨んだ。
大衆の多くはそれとは正反対に、
戦前は「断固、戦争すべし！」と
煽《あお》りながら…
負けると、かつて
英雄視したはずの軍人を
犯罪者扱いし、
自分は始めから
平和主義者だったかのように
ふるまい…
同胞を虐殺した
戦勝国・占領者に媚び、
それで自らの利益まで
得ようとした。
GHQ
重光は
そんな者を
最も嫌悪した。

ところが今、日本は60年以上も前の戦勝国に未だに媚びて、「国益」のために全面的に追従せよと言い出す者までいる。

そんな戦後日本人の誰が、いわゆる「A級戦犯」を非難できるというのだろうか！

記念館の庭には重光が自ら手入れしていたという草花や樹木が清楚に育っている。

黄緑色の葉を茂らせた木々の中に映える淡紅色の桜つつじの花がひときわ可憐で、まるで頬を赤らめた少女のようでもある。

手術後で、まだ眼圧の高いわしの目に、この風景は十分な保養となった。

あの時代は誰もが満身創痍《まんしんそうい》で生きていたのだろうな…

それにしても重光が、「我が名さけすむ 人の多きを」とまで覚悟して詠んだ「御国の末の栄え」は、このような有り様でよかったのだろうか？

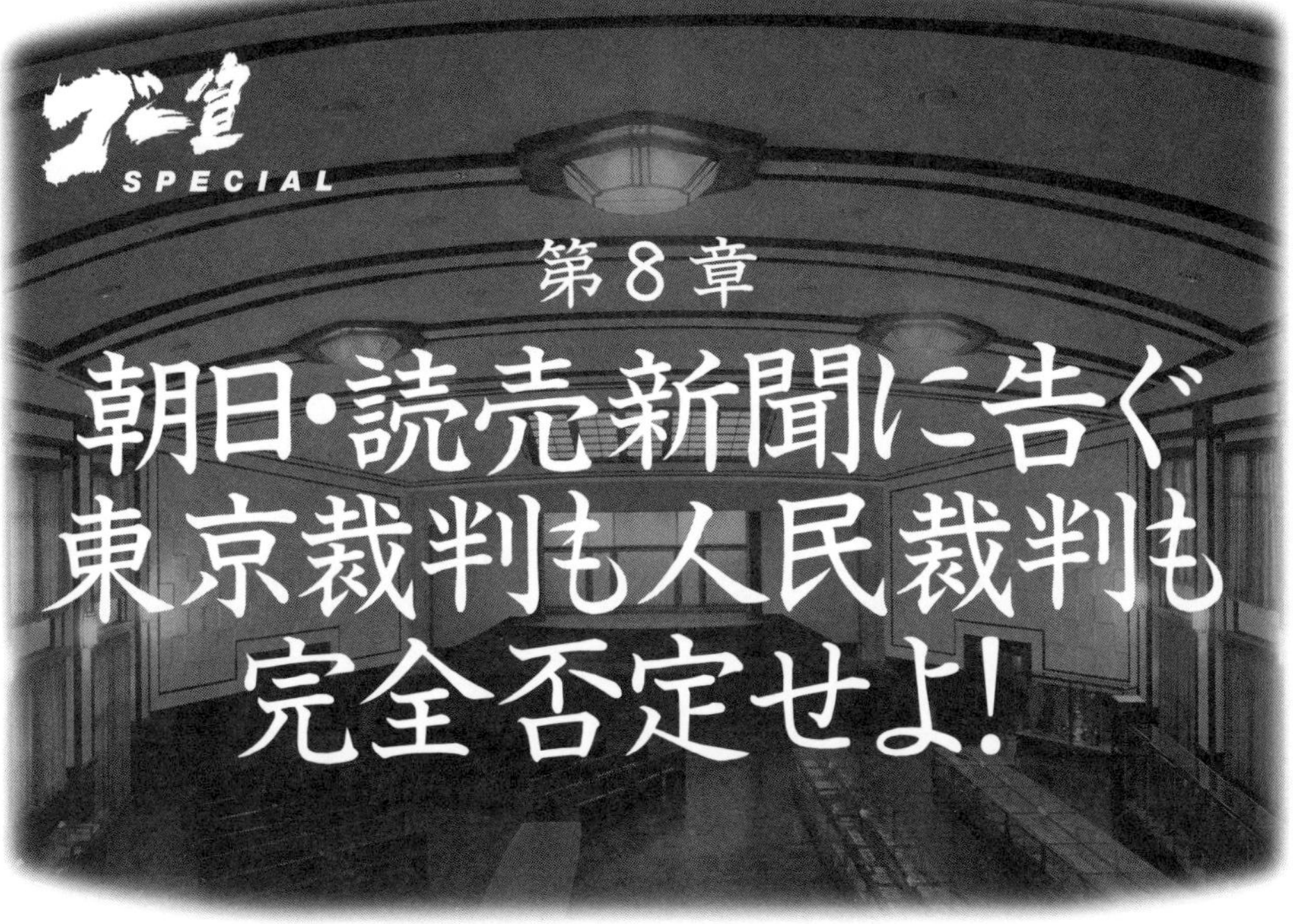
ゴー宣
SPECIAL

第8章
朝日・読売新聞に告ぐ 東京裁判も人民裁判も完全否定せよ!

5月2日、朝日新聞・読売新聞が競って「東京裁判開廷60年」の社説を載せた。
さすがに、もはや東京裁判を「文明の裁き」と礼賛する者はいない。
戦争責任糾明は国民自身の手で
東京裁判60年
東京裁判を知ってますか
朝日はこう書いた。
「後からつくられた『平和に対する罪』や『人道に対する罪』で裁くのはおかしいという指摘がある。原爆投下など連合国側の行為は問われず、判事国は連合国側だけで構成された。被告の選定基準はあいまいで恣意《しい》的だった」
いや、まさに正論です。戦勝国による「事後法」での裁判!
おそるべき野蛮である!
結局、日本の戦争を法で裁く根拠など一切ないのだから、「日本無罪論」でいいのだが、
これには警戒してみせるのが、「自分だけ中立」に見せる知識人の姑息な知恵でもあるようだ。
▲左＝朝日新聞、右＝読売新聞

読売新聞はこんな重要な指摘をしている。

「東京裁判では、裁く側の〝資格〟にも問題があった。

判事席・検事席にいたソ連は、第2次大戦の初期、『侵略国』として国際連盟から除名された国である。

しかも、日ソ中立条約を破って参戦、60万人の日本兵捕虜らをシベリアに拉致して、数万人を死亡させる理不尽な国際法違反の〝現行犯〟を継続中だった。

同じく『日本の侵略』を裁いた英仏蘭も、アジア『再侵略』の最中だった。オランダがインドネシア独立軍と停戦協定を結ぶのは、東京裁判判決の翌年、49年だ。フランスは、54年の軍事的大敗までベトナム再侵略を諦めなかった」

その通り!「侵略」の現行犯が、「侵略国」として裁いたのだ!!

これだけわかっていれば、もう「東京裁判」など完全に無効だと言っていいはずだ。

ところが朝日・読売の両者とも、なぜか絶対そうは言わないのである。

実に不可解なことだ。

読売はこう書く…

「日本自身が裁いたとしても、東条元首相などは、まちがいなく〝有罪〟だっただろう」

はあ!?

「まちがいなく〝有罪〟」って、何の罪で?

東条は国内法も国際法も、一切犯していない。

「有罪」にするなら法を無視して「人民裁判」をやるしかない。

読売新聞は「人民裁判」を肯定するのか?

読売会長のナベツネは最近、自分が学徒出陣の二等兵でしごかれた恨みつらみをぶちまけている。

「東条は許せない。というより、あの軍というそのものね、野蛮さ、暴虐さを許せない」

「僕は軍隊に入ってから、毎朝毎晩ぶん殴られ、蹴飛ばされ。そのとき僕は、古代ローマの奴隷も黒人奴隷も、こんなひどい目に遭ってはいないだろうと思ったね」

「僕は東京帝国大学だ。僕をいちばん殴っていたのは早稲田だ」

そんなナベツネの号令一下、読売では「検証・戦争責任」の連載を大々的にやっている。

構想倒れの松岡外交
人気の近衛、指導力欠く
政党は凋落
軍部に追随 広田外交
あくまでナベツネの「恨みつらみ史観」に基づき、戦前の日本の誰が悪人だったのかと、必死になって探している。

日本を戦争に追い込んだ欧米の悪意などは一切考慮しない。

さながらナベツネ主席の歴史人民裁判だ。

有罪!!

朝日新聞とテレビ朝日も、ナベツネの「恨みつらみ史観」による「人民裁判」の大宣伝を喜び、しばしばナベツネを好意的に取り上げるようになった。今、両者の蜜月時代なのだ。単純な奴らめ。

そして朝日新聞の社説は、またいつもの嘘を性懲りもなく流している。

「サンフランシスコ平和条約で日本は東京裁判を受諾し、国際社会に復帰を果たした」

何が「東京裁判を受諾し」だ!

毎度おなじみ「平和条約11条」の嘘である。

嘘も百回書けば本当になると思っているのか?

これについてはすでに『戦争論2』でも『靖國論』でも描いた。

「朝まで生テレビ」でも発言したのだが、政治家も知識人も馬鹿すぎて未だに理解しない。

本当に馬鹿なのか？ わしのような権威のない漫画家が言うことだから信用しないのか？ あるいは真実は無視して強力なマスコミの力で国民を騙しておこうという腹なのか？ そのへんが、わしには謎である。

面倒だが、もう一度ここで説明しておく。

日本は「東京裁判を受諾」などしていない!!

平和条約11条の日本文に「裁判を受諾」とあるのは明らかな誤訳である。

条文は日本語の他に英語・フランス語・スペイン語で作られているが、そこには「裁判を受諾」などとは書いてないのだ！

英語では
「accepts the judgments」

法律用語で「裁判」は「trial」であり、「judgments」はあくまで「判決」。

フランス語は
「accepte les jugements」

この後に、「言い渡された」を意味する「prononcés」が付いている。

スペイン語は
「acepta las sentencias」

いずれも『言い渡された諸判決を受諾する』という意味であり、

「判決」は複数形！

フランス語では最も明確に「言い渡された諸判決」と書いてある。

「裁判を受諾する」という意味では全然ない！

「裁判を受諾」と「諸判決を受諾」。

似ているように見えるが全く違う。

「諸判決を受諾」というのは
「たとえ裁判は不当でも、言い渡された諸判決には従う」

ということであり、

「裁判は不当だ！」と言うことまで禁じているわけではない。

なぜこんな変な条文が作られたのか？

それは平和条約締結時、東京裁判や各地の戦犯裁判で有罪の「諸判決」を受けた人たちが、まだ獄中にいたからである。

国際法上は「アムネスティ条約」により、平和条約の発効と共に戦犯裁判は無効となり、受刑者を釈放しなければならない。

SUGAMO PRISON
だが、連合国は平和条約発効後も、彼らをそのままブチ込んでおきたかったのだ。

復讐心がまだ収まっていなかったのだろう。

つまり「平和条約11条」はアムネスティ条約の適用を停止し、獄中の人たちを「諸判決」どおり服役させることだけを要求するもので、それ以上の拘束はない。

まして「東京裁判を不当だと主張してはならない」などとは一切規定していない。

これは世界中の国際法学者が認めていることである。

朝日新聞や日本の左向きの知識人は、この「平和条約11条」の曲解を根拠に、事あるごとに…

東京裁判は不当だという立場を貫くなら、「サンフランシスコ平和条約」を否定し、戦後の日本の外交全てを否定することになるぞ！

…と恫喝するが、それは完全なデマである。

東京裁判なんか不当だといくら言っても、「サンフランシスコ平和条約」には何の影響もないのだ。

それはそうと、日本と中国・韓国の「戦後補償」は、二国間の国際条約で決着しているのに、
朝日新聞は、中・韓が何度決着を蒸し返しても、決して「国際条約違反」と非難せず、
むしろ「日本は道義的に応じるべき」と主張し続けてきた。

ところが朝日は、「東京裁判は不当だ」と言うと、無理やり条文を曲解してでも「国際条約違反」を盾にして「決着を蒸し返すな」と非難するのである。

この二重基準は一体何だ!?

朝日社説はこんなことを書いている。

「裁判の限界を歴史の問題として論じることはいい。だが、言葉をもてあそび、現実の政治と混同するのは責任ある政治家の態度とは思えない」

政治家に向かって「東京裁判が不当だったなんて言うな」と圧力をかけているのである。

それが言論機関のやることか!?

最近、朝日新聞は「ジャーナリスト宣言。」というコピーでCMを流している。

ジャーナリスト宣言
朝日新聞
一体、「言論」の使命とは何なのだろう？

何のために「言論の自由」なんてものが大切とされるのか？

「反戦平和」のためなら、デマゴギー（事実に反する煽動的な宣伝）は構わないとでも言うのだろうか？

確かに左翼運動家には確信犯的にそれを行なっている者がいる。

だが新聞やマスコミもそれでいいのだろうか？

デマゴギーで本当に平和が作れるのだろうか？

政治家が現実の政治のために嘘をついた時に「真実を語れ」と迫るのが新聞やマスコミなど、「言論」に関わる者の使命だとわしは思っていた。

たとえ最高裁判所が有罪の判決を下そうと、それが真実に反するなら「冤罪だ！」と言い続けねばならないと。

無実の訴え今も
国際条約で決められていても、不当なことは不当だと言わねばならないと。

だが朝日新聞は、「東京裁判は不当だ」という真実を語ることを「言葉をもてあそ」んでいると言い、政治家に向かって「真実を言うな」と社説で主張する。

朝
朝日新聞は、まるで「地動説」を禁じたローマ教皇庁のようなものだ。

朝
彼らがあくまでも「日本は東京裁判を受諾した」と言い張るのは、「天動説」を壊されるローマ教皇庁の怯えと同じである。

「サンフランシスコ平和条約11条」の一点についても、わしは「それでも地球は回っている」と主張し続けたガリレオのように…

それでも第11条は諸判決を受諾したものであり、東京裁判を受諾したものではない!

…と言い続けねばならない。

朝日新聞は戦前と戦後で180度変わったとよく言われるがそんなことはない。

朝日は見事に一貫している。

朝日の社是は「長いものには巻かれろ」これだけである。

だから戦前は軍部べったりだったし、
今はアメリカ様が作った「東京裁判史観」を覆すなと言っているのだ。

それは朝日に限ったことではない。読売その他マスコミもそうだし、日本の知識人も、日本人のほとんどがそうだと言ってもいいだろう。だから未だに東京裁判を全否定することができないのだ。

ごーまんかましてよかですか?

世の知識人には、知識の弾丸が100万発あるのに、1つも的の中心に当たらない。

漫画家であるわしの知識の弾丸は1発しかないのに、きれいに中心に命中している。

それはなぜなのかを考えた方がいいぜ!

ゴー宣
SPECIAL
最終章
パール博士の合掌

極東国際軍事裁判、いわゆる「東京裁判」法廷。
インド代表判事、**ラダ・ビノード・パール博士**は裁判官席に着く前、必ず被告席のいわゆる「A級戦犯」たちに向かって合掌した。
法廷の人々はその敬虔《けいけん》な姿に少なからぬ感銘を覚えた。

靖國神社の境内、
博物館「遊就館」のすぐ脇に
パール氏の顕彰碑がある。
遊就館は、大東亜戦争は
自存自衛とアジア解放の
戦いだったという
堂々たる歴史観による
展示をしており、
現在、左翼が新たな
攻撃目標にしている。
パール氏には重病の妻がいたが、
妻はパール氏にこう言った。
あなたは
日本国の運命を裁く
大事なお体です。
どうか裁判が終わるまでは
私のことは構わないで…
パール氏は遠く離れた東京で
一人ホテルに籠《こも》り、
一切の娯楽も求めず、
まさに心血を注いで
判決書を書き上げた。
その判決書は、
「A級戦犯」被告に対して
「全員無罪」の
判決を下していた。
それは決して被告たちや
日本に同情したからではない。

私は正しき法を適用したにすぎない。

何の法的根拠もなく、勝者が敗者を裁く蛮行を見逃すことはできない。

この「裁判」の一番の被害者は「法の真理」である。

それが法学者であるパール氏の信念だった。

だがその判決書は東京裁判で朗読もされず、GHQ占領下の日本では一切公表を禁じられた。

この歴史的著作であるパール判決書の内容を日本に初めて広めたのは、**田中正明**さんという方である。

田中氏は「A級戦犯」として刑死した**松井石根大将**の秘書で、大将の密葬の夜にパール判決書の存在を知らされた。

それ以降、田中氏は、松井大将の汚名を晴らし、日本人に植えつけられた罪悪感を払拭《ふっしょく》すべく、パール判決書の出版に執念を燃やした。

GHQに見つかれば逮捕もありうる危険を冒しながら密かに計画を進め、そして占領解除の当日に『真理の裁き・日本無罪論』という題で出版したのである。

印度・パール判事述　田中正明編
日本無罪論
―眞理の裁き―

その後、田中氏は
パール氏と交流を深め、
パール氏は田中氏を
「マサアキチャン」と呼び
「お前は永久に私の子供だ」
とまで言った。
田中氏の著作は
『パール判事の日本無罪論』
として今も小学館文庫で
出ている。
パール判決について
知りたい人には
必読の書だ。
ところがパール判決を
「日本無罪論」と言うと、
「その呼び名はパール判事の
真意を歪める」という声が
必ず出てくる。
なぜそんなことを
言うのか
理解できない！
パール判決書を
読んでみろ！
…と言いたい
ところだが、
問題は
パール判決書の
全文を収録した
本にある。
今も講談社学術文庫で入手できる
『共同研究パル判決書』という本の序文に、
いきなり「（従来の本は）『日本無罪論』の名が
とかく一般国民に誤解を与えてパル判事の
真意を伝えず」と書いてあるのだ！
共同研究
パル判決書（上）
パル判決書（下）
この本には肝心のパール判決書全訳の前に、
編者の日本人法学者たちによる解説が
200ページもつけられている。
そしてここで繰り返し
「パール判決は日本の行為を
正当化してはいない」
と主張している。
確かにパール判決書には
張作霖《ちょうさくりん》 爆殺事件を
「無謀でまた卑怯でもある」とか、
満州事変を
「たしかに非難すべきものであった」
とする表現もある。

だがそれは日本の戦争を正当化しないものなのか？

日本は無罪ではないのか？

パール氏が判決書に込めた真意はそういうものだったのか？

パール氏の真意はパール氏自身の言葉ではっきりわかる。

パール氏は東京裁判の4年後再び来日、広島で原爆慰霊碑に献花した。

だが碑文の意味を通訳に聞くと、表情が厳しくなつた。

安らかに眠って下さい。過ちは繰返しませぬから。

安らかに眠って下さい 過ちは 繰返しませぬから
この「過ちは繰返しませぬ」という過ちは誰の行為を指しているのか。もちろん、日本人が日本人に謝っていることは明らかだ。それがどんな過ちなのか。私は疑う。

ここに祀《まつ》ってあるのは原爆犠牲者の霊であり、その原爆を落とした者は日本人でないことは明瞭である。

落とした者が責任の所在を明らかにして「二度と再びこの過ちは犯さぬ」というなら肯《うなず》ける。

この過ちが、もし太平洋戦争を意味しているというなら、これまた日本の責任ではない。

その戦争の種は西欧諸国が東洋侵略のため蒔《ま》いたものであることも明瞭だ。

さらにアメリカは、ABCD包囲陣をつくり、日本を経済的に封鎖し、石油禁輸まで行って挑発した上、ハルノートを突きつけてきた。

アメリカこそ開戦の責任者である。

東京裁判で何もかも悪かったとする戦時宣伝のデマゴーグがこれほどまでに日本人の魂を奪ってしまったとは思わなかった。

東京裁判の影響は原子爆弾の被害よりも甚大だ。

パール氏はその翌日、講演で語気を強めて言った。

私は1928年から45年までの18年間の歴史を2年8カ月かかって調べた。各方面の貴重な資料を集めて研究した。この中にはおそらく日本人の知らなかった問題もある。それを私は判決文の中に綴《つづ》った。

この私の歴史を読めば、欧米こそ憎むべきアジア侵略の張本人であることがわかるはずだ。

しかるに日本の多くの知識人は、ほとんどそれを読んでいない。

そして自分らの子弟に「日本は国際犯罪を犯したのだ」「日本は侵略の暴挙を敢えてしたのだ」と教えている。

満州事変から大東亜戦争勃発《ぼっぱつ》にいたる真実の歴史を、どうか私の判決文を通して充分研究していただきたい。

日本の子弟が歪められた罪悪感を背負って卑屈・頽廃《たいはい》に流されてゆくのを、私は見過ごして平然たるわけにはゆかない。

彼らの戦時宣伝の欺瞞《ぎまん》を払拭せよ。

誤られた歴史は書き換えられねばならない。

…これこそがパール氏の真意である。

太平洋戦争は日本の責任ではない。あの判決文さえ読めば、欧米こそ侵略者だということがわかるはずだ。東京裁判は「戦時宣伝のデマゴーグ」である。

あの「遊就館」の展示とほとんど同じ主張だ。

明らかに日本は無罪だと言っている！

然《しか》るに「パール判決書は日本無罪論ではない」などと言う学者連中は、判決書の一体どこを読んだのだろうか？

『共同研究 パル判決書』
冒頭にくっつけられた
解説こそ、パール氏の
真意を歪めて伝える
元凶である。
この解説は、
判決書に散見する
日本に否定的な表現を
わざわざつまみ食いし、
拡大解釈して
「パール氏は実は日本を
肯定していなかったと思える」
と書いているのだ。
パール氏もまさか
日本人法学者が
こんな解説を書くとは
夢にも思わなかっただろう。
もしこれを読んでいたら、
決して自分の判決書との併載など
許可しなかったはずだ。
だが今でも判決書は
この曲解解説と抱き合わせで
出版され、
おかげで今でも、
判決書の全文を読もうとする
秀才くんほど「パール判決書は
日本無罪論ではない」と
言い出す有様となっている。
個々の事例を見れば、
日本にも正当化できない
ことはあろう。
だがそれを言うなら
欧米の方が
比べ物にならないほど
正当化できない。
歴史の全体像を見れば、
日本は圧倒的な
欧米による
「正当化できない」圧迫により、
やむなくある程度の
「正当化できない」行為に
出ざるを得なかったにすぎない。
いつの間にか
アメリカが接近して
「米英不可分」となり
さらに
A(アメリカ)
B(ブリテン)
C(チャイナ)
D(ダッチ＝オランダ)
による いわゆる
「ABCD包囲網」が形成され
資源の兵糧攻めで
日本を追い込んでいった
巨額の借款が
供与され
「援蒋《えんしょう》ルート」
と呼ばれる
道路や鉄道が開かれ
重慶には
膨大な兵器弾薬が
運び込まれていた
アメリカ
ミッドウェー
ハワイ
ウェーク
グアム
フィリピン
サモア

まさに石原莞爾の弁こそ本質を突いている。彼は米人検察に追及されてこう答えている…

大東亜戦争の起きた原因は、日本の満州事変より始まる。また満州事変そのものが大陸進攻の日清・日露戦争にある。だから大東亜戦争はその当時まで追及すべきだ。

よしっ、分かった。

そんなに歴史的に遡るのならペルリを呼んで来い。

それはどういうことか?

我々は当時、鎖国主義で満州も台湾も何もかも不要であった。

鎖国で以て満足し、たくさんだと言っているのに、ワザワザ黒船と大砲で脅かして日本を世界の荒波の中に曝《さら》してしまった。

こうなったら、日本も何とか生きる方法を考えなければならないではないか。

要するにペルリが、無理矢理に日本を隣国に赴かしめ、脅すような結果にしたのだ。

鎖国主義で結構だ、と言っている平和日本を脅したのは、実にペルリである。

本当の元凶はペルリだ。ペルリを連れて来い!

全くその通りで、ペリーこそが、欧米の帝国主義こそが「A級戦犯」なのである!

ところが読売新聞は
未だに「だれに、どの程度の
責任があったのか」と
全社を挙げて日本国内だけの
「犯人探し」を続けている。
慢心と誤断 戦局暗
開戦責任の四天王
石原、板垣が首謀
朝日新聞も
「A級戦犯に戦争責
任を負わせることで、
他の人を免責した」
などと社説で書いている
ようなありさまだ。
開廷60年
東京裁判を知ってますか
終戦直後、東久邇宮内閣は
日本人自らによる裁判を
行おうとした。
だがそれに反対したのが
天皇陛下である。
敵側の所謂《いわゆる》戦争犯罪人、
殊《こと》に所謂責任者は何《いづ》れも
嘗ては只管《ひたすら》忠誠を尽したる
人々なるに、
之《これ》を天皇の名に於《おい》て処断するは
不忍ところなる故、
再考の余地はなきや
この天皇の言葉を記録した
木戸幸一内大臣も、後に言った。
どうして、あんな考えが出てきたのか、
ボクにはフにおちなかったな。
天皇の名で戦争をして、
こんどは天皇の名で裁くというのは、
当時の機構では不可能だ。
それに、やるとなれば、どうせ、
なんだかんだと、一種の国民裁判になる。
共産主義者が出てくるだろうし、
そんな互いに血で血を洗うような裁判を、
天皇の名でやるというのは、賛成できないね。
果たして戦時中
「撃ちてし止まん」「進め一億火の玉だ」と、
さんざん戦争に協力しておいて、
負けた途端、「責任者を追及せよ!」と
言い出すような、
そんな卑怯な国民性だった方が
よかったというのか?

パール氏は広島市の住職から「過ちは繰返しませぬ」に代わる碑文を頼まれて一編の詩を揮毫《きごう》した。
それは広島の本照寺に建立された「**大亜細亜悲願之碑**」に刻まれている。
その全文を紹介しておこう。

激動し　変転する歴史の流れの中に
道一筋につらなる幾多の人達が
万斛の想いを抱いて死んでいった
しかし
大地深く打ちこまれた
悲願は消えない
抑圧されたアジアの解放のため
その厳粛なる誓いに
いのち捧げた魂の上に幸あれ
ああ　真理よ
あなたはわが心の中にある
その啓示に従って　われは進む

一九五二年一一月五日
ラダ・ビノード・パール

大亜細亜悲願之碑

その時、世界は
「激動し　変転する歴史の流れの中に」

あった。

アヘン戦争は1840年。

以降清の分割・半植民地化が進められていた。

1858年にはイギリスがムガール帝国を滅亡させてインドを女王の名の下に直轄統治し、徹底した圧政を敷く。

唯一の良いフィリピン人は死んだ奴だ。

捕虜にはするな。

弾丸は捕虜に食わす米より安いんだから!

…と殺戮《さつりく》を
ロシアは、満州地域を占領し、さらに朝鮮へ干渉し始めた。

これでは日本が危ない!

弱肉強食の帝国主義という、誰にも抗えない時代の運命の中にあった。

読売、朝日、その他、左向きの方々は、時代というものを全く無視して、懸命にこう叫んでいる…

日本国内の何者のせいで、あんな帝国主義の大波に飲まれてしまったのか?

THE YOMIURI S
責任
欧米列強のアジア侵略の海に漕《こ》ぎ出さずに、じっとこの小さな列島の中で息を潜めて、列強が通り過ぎるのを待つ手があったはずだ!

何でそうしなかったんだ?

責任者は誰だ?

おまえか?

おまえか?

おまえか?

痛い目にあったじゃないか!

何とまあ…臆病な方々よ。

だが、あの戦争を起こしたものは
時代の運命というしかない。
指をさすなら
時代に向かって指すがいい。
歴史は「虹」のようなものだと
言われる。
その只中にいると
水滴しか見えず、
離れて初めて見える。
パール氏も
判決書を書いた時は
まだ時代の只中にいた。
だから個々の事件について
非難した部分も
あっただろう。
しかし戦後7年経《た》って、
はっきりと虹が見えた。
だからこう書いたのである…
抑圧されたアジアの解放のため
その厳粛なる誓いに
いのち捧げた魂の上に幸あれ
それなのに日本人は、
その時代から
61年も離れたのに、
なぜまだ虹を
直視できないのか!?
パール氏が最後に来日したのは
昭和41（1966）年。
この時、80歳、
前年に持病の胆石の手術を
受けたばかりで、
主治医は「生命にかかわる」と
訪日に反対したが、
パール氏は「人生の黄昏《たそがれ》時に、
ぜひ、もう一度だけ、
日本を見ておきたい」と
強く希望したという。
長身で恰幅のよかったパール氏は、
痛々しいほどにやせ衰えていた。

来日3日目、
パール氏の講演が
予定されていた。
だが清瀬一郎が
パール氏の業績を紹介し、
時間が過ぎても
パール氏は
姿を現さなかった。
直前に腹痛を覚え、
ホテルで安静にせざるを
得なかったのだ。
その報は会場にも伝わり、
400人の聴衆が
諦めかけた時…
ギッ…
ザワ
ザワ
ザワ
ザワ
しーーーーーーーん

パール氏は、演台で無言のまま合掌し、深い黙礼を送るだけ。
その姿はかすかに震えていて、苦痛に耐えているかのようにも見えた。
しかし聴衆はやがて気づいた。
パール氏は強い感動に震えているのだと。

中老の紳士が、
嗚咽《おえつ》の声を上げた。
それがきっかけになって会場にはすすり泣きの声が広がった。
パール氏の「無言の講演」は終わった。
博士は安静の身です。今日は、このまま失礼させていただきます。
聴衆は立ち上がり、一斉に万雷の拍手を送った。
半数ほどは、いつの間にか合掌していた。
帰りの車中でパール氏は言った。
病気のせいばかりではない。
胸がいっぱいで口を開くこともできなかったのだ。
パール氏はこの来日からわずか3カ月後に亡くなった。

パール氏はなぜ、生命の危険を冒してでも来日したのか。「無言の講演」で伝えたかったことは何か。

それはもう分かるのではないか?

パール氏の「永遠の息子」田中正明氏は今年1月94歳で亡くなった。

田中氏の著作はわしも『戦争論』などで大いに参考にさせてもらった。

実際お会いしたこともあるが、「私の本をたくさん使ってくれてありがとう」と、本当に嬉しそうにおっしゃっていた。

小学館文庫の『パール判事の日本無罪論』では僭越《せんえつ》ながら、わしが巻頭の推薦文を書かせてもらっている。

パール判事の日本無罪論
田中正明
戦後、日本でのパール氏の言葉を最も身近に聞いていた田中氏は、「日本無罪論」という題名に間違いはないと生涯確信しておられた。

パール氏は「東京裁判の影響は原子爆弾の被害よりも甚大だ」と言った。まさにその通りである。

東京裁判の影響は今もなお世代を越え、国境を越え、拡大の一途を続けている。

その上、パール判決書を読んでも、「これは日本無罪論ではない」と言うのが良識的と思い込む者までいる始末なのだから。

最後にもう一つ、パール博士の言葉を紹介しておこう。

日本人はこの裁判の正体を正しく批判し、彼らの戦時謀略にごまかされてはならぬ。

日本が過去の戦争において国際法上の罪を犯したという錯覚に陥ることは、民族自尊の精神を失うものである。

自尊心と自国の名誉と誇りを失った民族は、強大国に迎合する卑屈なる植民地民族に転落する。

日本よ！日本人は連合国から与えられた《戦犯》の観念を頭から一掃せよ。

ごーまんかましてよかですか？

日本に「A級戦犯」などいない！

連合国になすりつけられた「戦犯」の観念を払拭しない限り、日本民族の自立はないのである!!

あとがき　「いわゆる」でしかない「A級戦犯」

日本が行った戦争をすべて悪とすることによって、日本を戦争できない国にしたいという理想を持つ左翼学者にとっては、東京裁判を全面的に否定するわけにはいかないらしい。

特に日本がアジアの加害者であるとされた部分については、極めて好意的に受け止めようという気分が彼らの東京裁判に関する論述からは透けて見える。

彼らにとってパール判事が唯一の国際法学者だったという事実ほど不愉快なことはないのだ。しかもその唯一の国際法学者が、「被告全員無罪」という判決文を書いたことほど彼らの意に沿わない事実はない、面白くないこと甚《はなは》だしい。

彼ら左翼学者の中には、イギリスに蹂躙《じゅうりん》されていた国であるインドのパール判事は西洋帝国主義の「白人の優越」に対して反感を持っていたと指摘し、「パールは中立的立場ではなかった」と言い始める者までいる。

動機よりも法感覚の方が重要なはずだが、パール氏の国際法感覚を疑うことができぬ以上、インド人であるパール氏の人種的動機を疑うことから、東京裁判を全面否定する根拠を失わせようという戦略に出るわけだ。なんとも学者とは浅ましいものではないか。

裸の王様を見た子供が「王様は裸だ!」と叫ぶと、「裸は言いすぎであろう。ベージュ色の薄《うす》衣《ぎぬ》を纏《まと》っておられるのではないか」と言い始めるわけだ。

さらに「あの子供は王様の民衆抑圧に反感を抱いているから中立的ではないのだ」とやり始める。動機を問わずとも、子供の目が歴然とした裸の王様を見ていたことだけは確かなのだが。

概して東京裁判の解説書にはそのようなみっともないものが多い。

わしは現在継続中のイラク戦争を国際法の観点から見て違法だったと断ずるし、東京裁判も国際法違反の復讐劇にすぎなかったと結論する。

イラク戦争を国際法違反だと非難し、東京裁判は何が何でも受け入れるべきだなどと論理矛盾を平気で主張する左翼方面の知識人は、少しは自分を省みていただきたい。

逆に東京裁判は国際法違反の勝者の裁きにすぎないと主張しながら、イラク戦争では国際法などは何の役にも立たないと居直ってしまう親米保守派の身勝手さにもほとほと呆《あき》れかえる。

今後も相変わらず中国・韓国は日本の首相の靖國参拝を批判しながら、自国のナショナリズムを高揚させていく戦略を採るだろう。

日本のように、自国こそがアジア最強の悪だとする左翼学者の「思想信教の自由」「言論の自由」を保障するような体制は、まだ当分、中国・韓国には望めまい。

あくまでも自国の歴史検証が「反日」でなければ許されないという中国・韓国の、排外的なナショナリズムに基づく靖國参拝批判であることは、もはや明白である。

中国人・韓国人が「A級戦犯」が合祀されているからダメだと言ったとしても、「A級戦犯」とはそもそも何者かを彼らが理解しているはずもないし、それどころか日本人すら、いや日本の政治家ですらそれを知っている者はいないのである。

中国は「東条英機を祀《まつ》っているからいけない」と言うが、本書で描いたとおり、そもそも支那事変が始まったときに、東条は日本の政策決定に関わる立場にはまだいなかった。東条が首相になったのは日米戦を回避するためである。


本書の題名を「いわゆるA級戦犯」としたのは、昭和28年8月の「遺族援護法」の一部改正によって、「もはや日本にはA級戦犯などいないのであって、彼らは国内法においては犯罪者ではない」という認識が国民の了解事項になったという事実があるからだ。

当時、この法改正の中心人物だった堤ツルヨ社会党議員は、昭和28年7月9日の衆議院厚生委員会で、戦争受刑者の家族に同情し、国家補償の必要を訴え、しかも「その英霊は靖國神社の中にさえも入れてもらえないというようなことを今日の遺族は非常に嘆いておられます」と訴えた。

戦争受刑者は、昭和27年のサンフランシスコ講和条約発効後も、国際慣例を適用されずに不当に服役させられていたからだ。

そして東京裁判やアジア各地で開かれた戦犯裁判で、戦争犯罪者にされてしまった人々を、国内法上の犯罪者にしないという了解の下、「遺族援護法」の一部改正は、自由党、改進党、右派・左派社会党による全会一致で成立した。

当時の国会議員が全員一致で「もはや彼らは犯罪者ではない」と決めたのである。

したがって今なお「A級戦犯」と呼ぶこと自体が不当であり、彼らの名誉を毀損《きそん》することになる。以上が「最近、俗に言う」という意味で「いわゆる」を付けざるを得なかった理由である。

このような歴史的事実さえも忘却し、歴史を改竄《かいざん》するこの国の政治家、マスコミ、知識人らが、たとえ東京裁判が正当ではなかったとしても、誰かが戦争責任は取らねばならないなどと、どうせしたり顔で言うだろう。

だが、そもそも彼らの言う「戦争責任」とは何のことか？

戦争を始めたことの責任なのか？　戦争中に兵隊が捕虜《ほりょ》虐待や民間人の殺害などの国際法違反の犯罪を実行したことによる責任か？　戦争に負けたことに対する責任か？

しょせんその仕分けすら明確でないままに、彼ら知識人たちは「戦争責任」という言葉を連呼しているだけである。

このような杜撰《ずさん》な思考回路の持ち主たちに、過去の日本の指導者を批判する資格など断じてないのだ。

あまつさえ、政治家は靖國参拝問題を政局に利用しようとすらする。

A級戦犯「分祀《ぶんし》」検討を提言すると言う政治家は自民党にも民主党にもいるが、神道における「分祀」は霊魂の「増殖」になるだけで、「A級戦犯」の霊魂のみ分裂させるということは不可能であるという説明が、すでに靖國神社側からなされている。

にもかかわらず政治家たちは、無知なのか、知らぬふりをしているのか、全く無意味に「分祀」と言い続ける。

そもそもいわゆる「A級戦犯」たちは、「合祀」した時点で人間の手の届かぬ神様になっているはずなのに、その神様を人間の都合であっちに行け、こっちに行けと指図《さしず》しようというのだから、その信仰心のなさ、その傲慢《ごうまん》さには苦笑するしかない。

そしてこのような「分祀論」に否定的な者までが、憲法の「政教分離」に照らして、政治が靖國神社に口出ししてはならないという論法で応戦するのだが、これが見事に左翼運動家の術中に嵌《は》まっていることに気付いてはいないようだ。

左翼勢力はこの憲法の「政教分離」を「完全政教分離」と捉えて、首相の靖國参拝は違憲だと全国各地で裁判を起こしてきた。

その甲斐あって、小泉首相はついに「私的参拝」を強調する小銭投げ入れ参拝にまで簡略化せざるを得なくなってしまったのだ。

アメリカ人が作った日本国憲法の「政教分離」が、アメリカと同じく「完全政教分離」ではないことは当然ではないか。国の儀礼的な催しに関しては、その国の慣習的な宗教様式に依拠していることは、大統領が聖書に手を置いて宣誓する姿を見て、誰もが承知しているはずである。

なにしろ教育現場においても、左翼運動家の教師は「完全政教分離」を原理にして、公立学校の修学旅行では生徒たちに京都・奈良の寺社見学をさせないという異常な指導が行われた例がある。

首相の靖國神社参拝を支持している者までが、「政教分離」を掲げて「分祀論」を退けることの危険を改めて警告しておく。

最近、靖國神社を非宗教化して特殊法人化するという珍案も出ている。神道に退場せよというわけだ。

だがあの戦争で「靖國神社で会おう」と言って国のために命を投げ出した人々は、神道という日本古来の宗教が退場してしまった神社、いやその場合、もはや神社でもない空虚な施設に祀られるとは思ってもいなかっただろう。

そもそも「祀られる」という感覚自体も「霊魂信仰・祖霊信仰」だから、神道的だが。

はっきり言って非宗教化などは、英霊への裏切りである。

氏子・氏神の関係で成り立つ靖國神社の数々のお祭りがあるからこそ、英霊と、彼らが守りたかった子孫たちの出会いが、これからも末永く続いていくのである。

朝日新聞は米下院議員の中にも首相の靖國参拝を快く思ってない者がいると、アメリカの圧力による参拝中止を期待している様子だ。中国・韓国からの圧力がダメならアメリカがあるさというわけだ。

経済同友会など経済界からも、金儲けの障害になることは中止させたいという意図が丸見えの参拝自粛提言を行ったりしている。

それもこれも「A級戦犯が祀られているからいけない」というのが、彼らの根拠である。

だが誰も「A級戦犯」とは誰なのか、何をした人物なのか知りもしない。すでに昭和28年、我が国に「A級戦犯」などいない、彼らは国内法では犯罪者ではないと国会決議されたことも知らない。

「A級戦犯」とは、最近になって世俗の者どもが使っているというだけの「いわゆる」でしかない無効の言葉なのである。

平成18年5月23日　小林よしのり

参考文献一覧

●『東京裁判』（上）（下）児島襄（中公新書）
●『東京裁判』（上）（下）朝日新聞東京裁判記者団（朝日文庫）
●『私の見た東京裁判』（上）（下）冨士信夫（講談社学術文庫）
●『秘録東京裁判』清瀬一郎（中公文庫）
●『世界がさばく東京裁判』佐藤和男監修／終戦五十周年国民委員会編（ジュピター出版）
●『日本の歴史30 十五年戦争』伊藤隆（小学館）
●『昭和史をさぐる』伊藤隆（朝日文庫）
●『東京裁判 勝者の敗者への報復』新人物往来社戦史室（新人物往来社）
●『別冊歴史読本 A級戦犯 戦勝国は日本をいかに裁いたか』（新人物往来社）
●『東京裁判の全貌』平塚柾緒／太平洋戦争研究会編（河出文庫）
●『看守が隠し撮っていた 巣鴨プリズン未公開フィルム』織田文二／茶園義男監修（小学館文庫）
●『東条英機 大日本帝国に殉じた男』松田十刻（PHP文庫）
●『祖父東條英機「一切語るなかれ」』東條由布子（文春文庫）
●『大東亜戦争の真実 東條英機宣誓供述書』東條由布子編（WAC）
●『週刊日本の100人 東条英機』（デアゴスティーニ・ジャパン）
●『平和の発見』花山信勝（朝日新聞社）
●『秋霜の人 広田弘毅』渡邊行男（葦書房）
●『黙してゆかむ 広田弘毅の生涯』北川晃二（講談社文庫）
●『落日燃ゆ』城山三郎（新潮文庫）
●『昭和天皇独白録』寺崎英成／マリコ・テラサキ・ミラー（文春文庫）
●『秘録 板垣征四郎』板垣征四郎刊行会（芙蓉書房）
●『秘録 石原莞爾』横山臣平（芙蓉書房）
●『コンビの研究 昭和史のなかの指揮官と参謀』半藤一利（文藝春秋）
●『秘録 土肥原賢二 日中友好の捨石』土肥原賢二刊行会編（芙蓉書房）
●『軍務局長 武藤章回想録』武藤章／上法快男編（芙蓉書房）
●『南京事件の総括』田中正明（展転社）
●『「南京大虐殺」はこうして作られた』冨士信夫（展転社）
●『日本陸軍 指揮官総覧』新人物往来社戦史室（新人物往来社）
●『松岡洋右 その人間と外交』三輪公忠（中公新書）
●『その時歴史が動いた13』NHK取材班（KTC中央出版）
●『東郷茂徳 伝記と解説』萩原延壽（原書房）
●『時代の一面』東郷茂徳（原書房）
●『危機の外相 東郷茂徳』阿部牧郎（新潮社）
●『海よ永遠に 元帥海軍大将永野修身の記録』永野美紗子（南の風社）
●『最後の参謀総長 梅津美治郎』上法快男（芙蓉書房）
●『葛山鴻爪』小磯国昭（小磯国昭自叙伝刊行会）
●『怒り宰相 小磯国昭』中村晃（叢文社）
●『平沼騏一郎回顧録』平沼騏一郎（平沼騏一郎回顧録編纂委員会）
●『大川周明 ある復古革新主義者の思想』大塚健洋（中公新書）
●『決断した男 木戸幸一の昭和』多田井喜生（文藝春秋）
●『木戸幸一関係文書』木戸日記研究会編（東京大学出版会）
●『南次郎』御手洗辰雄編（南次郎伝記刊行会）
●『忠鑑畑元帥』梅谷芳光（国風会本部）
●『畑俊六 巣鴨日記』小見山登（日本文化連合会）
●『橋本欣五郎一代』田々宮英太郎（芙蓉書房）
●『荒木貞夫風雲三十年』有竹修二編（芙蓉書房）
●『駐独大使 大島浩』鈴木健二（芙蓉書房）
●『佐藤賢了の証言 対米戦争の原点』佐藤賢了（芙蓉書房）
●『鈴木貞一氏談話速記録』（上）（下）木戸日記研究会（日本近代史料研究会）
●『完本・太平洋戦争』（上）文藝春秋編（文藝春秋）
●『嶋田繁太郎海軍大将 裁判中参考資料』
●『見果てぬ夢 満州国外史』星野直樹（ダイヤモンド社）
●『評伝賀屋興宣』宮村三郎（おりじん書房）
●『重光葵 上海事変から国連加盟まで』渡邊行男（中公新書）
●『孤高の外相 重光葵』豊田穣（講談社）
●『「勝者の裁き」に向き合って』牛村圭（ちくま新書）
●『昭和の動乱』（上）（下）重光葵（中公文庫）
●『共同研究パル判決書』（上）（下）東京裁判研究会（講談社学術文庫）
●『パール判事の日本無罪論』田中正明（小学館文庫）
●『國、亡ぼす勿れ 私の遺言』田中正明（展転社）

スタッフ

【構成】
岸端みな

【作画】
広井英雄
時浦兼
岡田征司
宇都聡一

【編集】
志儀保博
（幻冬舎）

【写真】
髙橋和海

【撮影協力】
防衛庁広報課市谷記念館

【ブックデザイン】
鈴木成一デザイン室

本書は描き下ろし、書き下ろしです。
（ただし「第8章 朝日・読売新聞に告ぐ 東京裁判も人民裁判も完全否定せよ！」のみ
雑誌「SAPIO」（小学館）2006年6/14号に掲載されました）

著者紹介

小林よしのり

昭和28(1953)年、福岡生まれ。漫画家。大学在学中の昭和50年、『東大一直線』でデビュー。以来30年にわたり、アニメ化もされた『おぼっちゃまくん』(幻冬舎文庫、全8巻)を始めとする数多の傑作を生み出し続ける。平成4年1月、週刊誌「SPA!」誌上で『ゴーマニズム宣言』(幻冬舎文庫、全9巻)が連載開始されるや、すぐさま思想状況を一変する大ヒットとなる。その後『新ゴーマニズ宣言』(小学館、全15巻)を経て、現在は「ゴー宣・暫《しばらく》」として雑誌「SAPIO」で新連載が始まったばかり。また、その番外編ともいうべき『ゴーマニズム宣言　差別論スペシャル』(幻冬舎文庫)『新ゴーマニズム宣言　脱正義論』(幻冬舎)が言論界にただならぬ衝撃を与えた。平成10年、13年、15年にこれまでの集大成『新ゴーマニズム宣言SPECIAL戦争論』『戦争論2』『戦争論3』を発表、合計160万部のベストセラーとなる。他の著書に『靖國論』『挑戦的平和論』(以上、幻冬舎)『台湾論』『沖縄論』『目の玉日記』(以上、小学館)がある。平成14年、自ら責任編集長をつとめる雑誌「わしズム」を創刊。いま何を考えているのか、次に何を描くのか、がつねに注目される作家である。

ゴー宣 SPECIAL

いわゆるA級戦犯

2006年 6 月30日 第 1 刷発行
2016年12月15日 第11刷発行

【著者】
小林よしのり

【発行者】
見城 徹

【発行所】
GENTOSHA
株式会社幻冬舎
〒151-0051 東京都渋谷区千駄ヶ谷4-9-7
電話 03-5411-6211(編集) 03-5411-6222(営業)
振替 00120-8-767643

【印刷・製本所】
中央精版印刷株式会社

Printed in Japan ISBN4-344-01191-0 C0036
幻冬舎ホームページアドレスhttp://www.gentosha.co.jp/

この本に関するご意見・ご感想をメールでお寄せいただく場合は、
comment@gentosha.co.jpまで。